話せば、
うまくいく。

50代からの人生を
機嫌よく生きるヒント

聖心会シスター
鈴木秀子
青木さやか

時事通信社

はじめに

青木さやか

鈴木秀子先生のことは、書籍や雑誌でよくお見かけし、何年も前から存じ上げていました。カトリックのシスターとして五十年以上にわたり年齢、性別、国境、宗教を越え数えきれないほど多くの方々の悩みに向き合ってこられた方。ある友人は三十年ほど前からの大ファンで、先生のご著書を何十年もぼろぼろになるまで読み返し、その本を「数年ごとに本棚から取り出すの」と言って大切にしていました。

お写真で拝見する秀子先生の佇《たたず》まいは柔らかく、それでいて揺るぎない強さがあるようにみえ、いつかお会いしたいとずっと思い続けていました。

願うと縁は繋がるものなのか、わたしの念が異常に強いのか、知り合いを介してお会いする機会を得ることができたのは、三年ほど前のことでした。

わたしの両親は他界しています。

秀子先生とお会いした当時、母を看取《みと》って間もなかったわたしは、動物愛護活動を共にしている友人に教わった、「死んでもできる親孝行」を実践中でした。

その親孝行とは何か、というと、子どもが人に迷惑をかけず、友達が沢山いて多くの時間を楽しく笑って生きていること、だというのです。それが、他界した親にできる唯一の親孝行だと。あちらの世界では、子どもの笑顔がご馳走なんだと。

空想のような話。

ですが、わたしは空想だとしても、親にご馳走を届けてあげたい気持ちになりました。両親が生きていたときは母とは折り合いが悪く、父にはたくさん心配をかけた親不孝な娘だったので、わたしが心から楽しく笑って生きることが親孝行になるならば、今からでもしたい。もちろん自分のためにも挑戦したいと。

言うは易しで、日々生活していると難題にぶち当たります。それもあっという間に。一歩外に出れば些細《ささい》なことでイライラし、人の発言や態度に不愉快になり、怒りを覚えることがあります。家を一歩も出ない日でも、ＳＮＳの中で一瞬にして苦しくなったりするものです。

わたしの母は教師でした。成績がよく、キレイな人でしたが、世間体を気にする厳しい人でした。その母が生きているときは、「お母さん」という言葉を使うのも聞くのも苦しい時期を過ごしました。それは、わたしが高校生のときに、両親が離婚して以来、大学を出て、芸人になり、タレント活動をするようになってからも続いた、三十年にも及ぶ長い確執でした。

母が亡くなる前、わたしは母のいるホスピスに通い、何とか確執を解き、生きるのが、かなり楽になりました。関係を改善し、安心し、自身を縛り付けていた何かから解放された思いがありました。

秀子先生に初めてお会いしたとき、その話をしたところ、秀子先生は、

「さやかさん、気づいて良かったですね」

とおっしゃいました。

「気づきは癒やしです」

とも、おっしゃいました。

さて、五十歳を迎えた今、ここからの自分の生き方をどう進めれば良いのだろうか。日々楽しく笑って生きる秘訣《ひけつ》とはなんだろうか。

秀子先生にこれからの人生について、聞きたくなりました。

この方は絶対に知っているのです。

漠然とした不安の正体は何か?

楽になった理由は何か?

様々な真理を。

せっかちなわたしは、一刻も早く人生のステージを上げたいのです。はるか彼方《かなた》にいらっしゃるであろう秀子先生に、時に下界におりてきていただいて(笑)、わたしや同世代の友人たちが抱える俗っぽい悩みにもお答えいただきたい。

そんな思いで向かった秀子先生との時間は穏やかで、機嫌よく生きるヒントが山のようにあり、話せば話すほど、自身の奥にあるものに気づき、静かな興奮の中、忘れられない時間になりました。

生活をしていると様々な苦難がやってくる。
ですが、どのように受け止めるかで、人生は大きく変わっていくと思うのです。
この本は、わたしにとって、五十代を生き抜くテキストになりました。
手にとってくださった皆さまに、楽しんでいただけますように。
わたしたちの今日からが、うまくいきますように。

鈴木秀子
聖心会シスター

青木さやか
タレント・俳優・エッセイスト

（2023年夏、聖心女子大学第三修道院にて）

CONTENTS

話せば、うまくいく。

50代からの人生を機嫌よく生きるヒント

CHAPTER 2

ネガティブな感情と向き合うコツ

CHAPTER 3

自分と仲良く生きるには 115

CHAPTER 4

視点を変えれば人生は変わる

CHAPTER

1

話せば、人生うまくいく

五十歳は自分を見つめ直す良いチャンス。

青木　秀子先生、わたしとうとう五十歳になりました。近頃、若い頃よりも「幸せに生きたい」とか「機嫌よく生きたい」とよく思うんです。仕事、健康、お金、子どものこと……生活していると日々、色んな問題が起きてくるものですから。今日はこれからの人生、幸せに機嫌よく生きていくためのヒントをいただけたらと思っています。

鈴木　五十歳になられたのですね。それでは今日はまず、五十歳という年齢についてのお話からしましょうか。

青木　ぜひ、お願いします。

鈴木　私が尊敬していたアメリカ人の有名な方が、あるときふと漏らされた言葉が、記憶に鮮烈に残っています。その方が八十歳になられたとき、感慨深げなご様子でこう話されました。「もし若い頃に戻れるとしたら、何歳がいいですか？」と尋ねられたら、五十歳と答えます。五十歳というのは、人生経験が豊かで、若さも体力もある。その上、色んな経験をしているから、人間としての判断力が身についている一番いい年齢だ。だから今、私は五十歳だと自分に言い聞かせ、もし五十歳の自分だったらどう行動するか、どうやって一日を過ごすだろうかということを基準に考えて行動します」と。このお話を聞いたとき、私は「あぁ、知恵の言葉だな」と思いましてね。

青木　あら！　五十歳、嬉しいです。

鈴木　さやかさんは今、一番いい年齢にいるんですよ。

青木　そうですか。確かに経験を積んできた分、自分ができること、できないことが何となく明確になってきて、がむしゃらではなく、できる範囲で努力できるようになってきたんじゃないかなと思います。

鈴木　五十歳は、そのように分別がつくようになる年齢であると同時に、人生のとても大きな岐路《きろ》でもありますよね。仕事の面では、それまでは若い世代として扱われていたとしても、円熟した大人として扱われるようになります。

青木　口が裂けても「若手です！」とは言えない年齢になりました（笑）。

鈴木　責任をもたなければならないことも多くなるし、甘えてばかりもいられない。むしろ頼られるようになって、色んなことが変わってきますよね。

青木　はい。残念な気もしますが（笑）、本当に。

鈴木　この五十歳という分かれ目に立って、自分がこれから先の人生、どの方向に行きたいかという目標をはっきりと見極めることが大切です。そして、その目標を達成するためには、日頃何を心がければいいのかを、考え直す良いタイミングになります。

青木　秀子先生。早速ですが、目標を見極めるにはどうしたら良いのでしょうか？

鈴木　まずは自分のことを誰かに話し、表現してみることです。話すことによって、自分が人生に何を求めているのか、これからの人生をどう生きていけば満足することができるのか、他の人とどういうふうに関われば良い人間関係を築くことができるのかがみえてきます。

青木　人間関係が良い状態で過ごすというのは、これからの人生の大きな課題だと思っています。人間関係のためにも話すことが大切になるんですね。

鈴木　人間関係がうまくいけば、人は幸せですからね。自分のことを話すことによって、幸せに生きていくためには、どこに焦点を当てればいいかということを考えるいいチャンスになるんですね。

話すことで自分の心の中に光を当てる。

青木　話すということについて、もっと詳しく教えていただきたいです。自分のことを人に話すのって、なかなか難しいことだなとも思うんです。まず、どこでどうやって話せば良いのかについて教えていただけますか？

鈴木　私は、悩んでいる方がいらしたときには「安心安全な場で話しなさい」とまず言います。

青木　安心安全な場って、具体的にはどんな場でしょうか？

鈴木　安心安全な場というのは、あなたが抱えている問題を否定せず、「あなたはそう考えているんですね」と、ただ聞いてくれる相手がいる場です。

青木　安心安全な場とは、人のことなんですね。

鈴木　一つにはそうです。安心安全な場は、話を聞く人が作り出すものです。それから、その場にいい気が流れていることも大切です。人は無意識のうちに、場の気というものを感じるものです。例えば、レストランに行くと「ここはいい場所だな」と思うことがありますでしょう？

青木　はい。今、お話しさせていただいているこのお部屋がまさにそうですね。

鈴木　ただ聞いてくれる相手がいて、「ここはいい場所だな」と感じるいい気が流れている。そういった安心安全な場で、ぽつぽつと自分のことを話し出すと、自分でもわかっていなかった心の中を、暗い道に一筋ずつ光を照らしていくようにみていくことができます。すると「あぁ、私はそんなことを感じていたのか」と、自分の内面を感じ、今の状況がみえてくるんですね。

青木　秀子先生にわたしが抱えていた母との確執や最近悩んでいることなどをお話しさせていただく度に、「わたし、まだここがクリアできてないな」とわかったり、「そこに向かいたい」という道筋がみえたりします。

鈴木　それが、話すということが与えてくれる力です。さやかさんとは何度かお会いしていますが、私は初めて相談にきた方には、徹底的に本人の話すことに耳を傾けます。私から「こうしなさい」と言うことはありません。ところで先程、自分のことを人に話すのは難しいとおっしゃっていましたが、さやかさんは自分に正直に向かい合い、欠点や悩みも含めて、それを人に話せる力をもっている方だと思いますよ。

青木　だんだんそうなってきたのかもしれません。欠点や悩みを人にオープンにすることって、初めは怖いんです。人にどう思われるだろう？　と。でも実際話してみると、「あれ？　特に誰も何とも思ってないらしいぞ」と感じることが多くて。もしかしたら、心の中では何かしら思ってる人もいるのかもしれませんが、いちいちわたしに言ってきませんし。

鈴木　これまで、病気のことや離婚のことも隠さずに発表されてきましたね。

青木　はい。隠していると、後で自分が大変になることが多いんです。数年前、わたしが肺腺ガンになったとき、はじめは病気だということを隠しながら仕事していたんですが、仕事中に病気の話になると言葉が詰まったり、予定を説明しづらくなったりしまして。ガンがあるとわかったときは、「仕事が来なくなるのでは」「かわいそうだと思われたくない」とか思って話せなかったんですが、周りや世間の方々に「ガンなんです」と言ってみたら、気分的に楽になりました。それに「青木さんの記事を読んで励まされました」という方もいてくださる。結果、悪いことは一つもないし、すっきりしたんですね。話すときは「えいっ」と勇気が要《い》りますけど、できるだけ隠し事はない方がいいと思っているんです。

鈴木　自分のことを曝《さら》け出して話せる人には、人が安心して集まってきます。それは「自分の弱さを受け入れている人なら、受け入れてくれるだろう」と、周りの人から思われるからでしょうね。

青木　芸人としてよくテレビに出ていた二十年前の頃のわたしは、「安心安全」

とは真逆だと思われていたような気がしますが。昔は緊張感を与えるのが得意でしたから（笑）。

鈴木　そうでしたか（笑）。そういう意味では、あなたの場合は、お仕事の場で自分について話すことによっても、自分の内面がだんだん明確にみえてくるという体験をしている部分があるのではないでしょうか。

青木　そうかもしれません。今、お話ししたように自分を曝け出すことや、自分に正直になることって、楽に機嫌よく生きていくために重要だと思うんです。秀子先生もそう思われますか？

鈴木　とくに日本では重要なことだと思いますね。四十年ほど前、私が仕事でアメリカにいたときのことですが、周りのアメリカ人の方々が、当時の日本では口にしなかったようなことを、ざっくばらんに隠さずに話していたんですね。そして話した方も聞いた方もカラッとしている。ところが、日本人は本当の自分を隠そう隠そうとする傾向がありますね。そのせいで人間関係がどんどん悪くなっていくんです。

青木　わたしの実家も世間体を何より大切にしていました。だから若い頃のわたしは、人に自分の本当の話をするのが苦手でした。できるだけ良くみられようとして、若干の嘘をつきながら周りと付き合っていたと思います。それはそれで、辛いとは思っていなかったのですが。

鈴木　そうだったのですね。だけどあなたは、話したり書いたりするお仕事を続けてきて、今はご自分のことを素直にシンプルに話せるようになった。お仕事でそういう力が身についたということは、すごい恵みですよね。

青木　少しずつですが、身についてきたと実感しています。

鈴木　人は、自分の弱さを隠し続けていると、自分以外の人の弱さも受け入れられなくなります。すると相手もそれを感じ、本当の自分を隠すようになる。それで人間関係が悪くなっていくわけです。良い人間関係というのは、何を言ってもお互いが安心していられる関係ですから。

青木　秀子先生、とはいえ人に話せる場が見つからないときもあります。そういうとき、どうしたらいいでしょうか？

鈴木　知人の方やお友達に話すのでもいいんですよ。
　そのときに「私が今から十分間しゃべるから、ただ黙って聞いて欲しい。私が何を言いたいか、どんな気持ちでいるのかだけをわかってくれたらいいから。そして、私の大切なことを公開しないことを約束してね」と、一つの契約みたいに言ってから話すと良いですね。
青木　話す相手は、すごく親しい人でなくてもいいんですね？
鈴木　むしろ、多少の距離があるくらいの人の方が良いですよ。私も悩みを相談しに来る方とは、あまり親しい関係にはならないようにしていますから。

自分の感情を摑まえる訓練をする。

青木　先生が先程おっしゃった「安心安全な場で自分について話すことで、自分を感じ、今の状況がみえてくる」というお話、これは子どもの場合でも同じでしょうか？　中学生の娘がいるもので。

鈴木　同じです。ですから、子どもが悩んでいるときも、親が言い聞かせたり、教えたりせず、まずは子ども自身に話をさせる。親が先に「あなたは今、こんなことを感じているのね」と、子どもが言った通りに、否定せずにただ受け止めていくと、子どもはやがて自分で問題を解決していきます。

青木　秀子先生。ということは、問題は基本的に自分で解決するものだということですか？

鈴木　最終的には自分で解決するものです。悩んでいるときに、誰かからヒントをもらったり、助けてもらったりすることはあるでしょう。そういうことの中から、自分が「そうだ」と納得し、選びとったことだけが自分の役に立つことです。

青木　確かに、自分自身の過去を振り返ってみると、親や先輩が良かれと思って言ってくれたことでも、自分で気づかないと、わたしは変わりませんでした。

鈴木　ですから、一人一人の生き方は誰にも頼れないものなのです。人生の責任は自分にあるということです。そしてそれだけ「自分というものを頼りにしていいんだ」という感覚を、若いときから育てる必要があるのです。

青木　自分で自分のことを頼る。すごく難しいものだなというふうに思います。

鈴木　人というのは、周りをよくみて、周りとの調和をよく考えますから、つい本音を隠して、周りと合わせようとします。でもそうすると、やがて自分の生き方を失っていきます。

青木　そうならないようにしていきたいですし、子どもにも自分の生き方を見失わないで欲しいと思います。今、先生がおっしゃった「自分というものを頼りにしていいんだ」という感覚を育てていくためには、どうしたら良いのでしょうか？

鈴木　自分の感情を摑まえる訓練をすると良いです。

青木　感情を摑まえるとは、どういうことでしょうか？

鈴木　例えば、家に帰ってきて一日の緊張から解放されてぼーっとしているときに、「今、自分は嬉しいんだ」「心地よいんだ」と意識してみること。こういう慣れ親しんだ安心感を摑まえてみるのが一番いいですね。それが難しければ、まずは練習として、落ち込んだときに「自分は今、落ち込んでいるな」と思うのでも良いです。それが感情を摑まえるということです。

青木　わたしの場合は落ち込んだときの方が、自分の気持ちが摑まえやすいかもしれません。

鈴木　それでは、落ち込んだときの例で感情を摑まえるとはどういうことか考えてみましょうか。例えば、誰かがさやかさんに「今日、青木さん番組の中で、あのときちょっと手を動かしたのが良くなかったね」と言ってきたとします。

青木　はい、あります。そういうとき。

鈴木　もし、そう言われてがっくりしたら、「私は今、落ち込んでいるんだな」と、自分の感情を理解しておくことです。

青木　それが感情を摑まえるということなんですね。意外と簡単にできますね。

鈴木　そうでしょう。これを積み重ねていくことで、やがて自分で自分のことを頼れるようになります。すると人生に起こる問題を解決する力もついてきます。自分を頼りにすることができない人は、自分を幸せにしたり苦しめたりしている原因は、他人など自分の外側にあると思っていることが多いですね。

青木　先程、わたしが番組内でのリアクションを指摘されて落ち込んだのは、人に失敗を指摘されたからではないということですか？

鈴木　たとえ落ち込んだとしても、そう思っているのは自分だということです。何か言われて落ち込んだときは、「あの人が嫌なこと言ったから落ち込んだ」と思うのではなく、そういう気持ちは、自分自身の中にあるものだと気づくことが大切です。それが自分を感じ、自分の生き方を見失わないための第一歩です。

青木　自分の気持ちと、外側で起きた出来事とを分けて捉えるんですね。

鈴木　人の幸不幸は外で起こった出来事によって決まりません。全ては自分の心をどう保つかの訓練にかかっているわけですよ。

青木　友人のテンションが低かったりすると「元気出しなよ！」とか言うときがありますが、これも余計なことですよね。楽しいとか辛いというのは、その人の中にあることなのに、それを外側から変えようとするのは。

鈴木　人は皆、生まれつき違っています。いつも明るく楽しくしている方が心地よい人がいる一方で、静かに沈んでいるように過ごすのが心地よい人もいる。相手が後者の方だったら、きっとその言葉は気持ちよくないですよね。

青木　慣れ親しんだ安心感が、どのくらいの温度感かというのは、人によって違いますものね。

鈴木　私たちはついつい自分を中心に物事を考えますからね。こちらからみれば悪い状況に思えることでも、相手にとっては良い状況かもしれないということを知っておくこと。相手を変えたり「気分を引き上げてあげよう」としたりしなくていいんです。自分は自分の中心軸をしっかりもち、相手には相手の中心軸があるということを理解しておくことです。

自分を責めない、否定しない。

青木　今おっしゃった中心軸について、もう少し詳しくお聞きしたいです。

鈴木　中心軸というものは、一人一人の中にあるものです。中心軸をもつためには、「自分には自分を支える力がある」と思うこと。そしてその力で「自分は幸せになれるんだ」と自分に教え、そして「私は幸福になる」と自分に許可を出すことです。お天気がいいとか、あの人が優しいとか、外からやってくるものは、人からもらう評価と同じでボーナス。そういうものを追い求めながら生きていても、幸せを感じるのは難しいでしょう。

青木　中心軸は、一人一人違う、その中にあるものなんですね。

鈴木　どんな人も神様から命を与えられ、愛を求め、成長したい、周りにいる人と仲良くしたいと思っている。それは共通しているけれど、その力の使い方がみんな違うんですね。人の個性というのは、水面で輝いているたくさんの小さな波のようなものです。波の一つ一つに光が当たり、それぞれが輝いて見える。この波一つと同じように、人間も光の当たり方によって違い、個性が現れ、Aさんになり B さんになる。でも、深いところに流れているものは、みんな同じなのです。神様は、交流し合う存在として、全く違う一人一人を作られますが、どんな人間でも、神様の目からみれば、それぞれ素晴らしいものをもっていて完全なんです。

それなのに、人は他人と自分を比べて一つでも劣っていることを自分の中に見つけると、その一つにフォーカスし、「自分はダメな人間だ」と思っています。それで中心軸を失っていくのです。

青木　根底にあるものは同じ。だからこそ、輝いている部分をみるようにすればいいのですね。

鈴木　そうです。とにかく「自分はダメな人間だ」と思うことをまずやめる。そして、自分はこんなにもいいものを与えられていると、考えてみる必要があるんです。「ここまで歩いてきた」「時間通りにここに来ることができた」、そんな些細《ささい》なことでもいいですから、自分を認め続け、自分を頼る訓練をしてみることです。人間同士では難しかったら、猫や犬を相手に話すのだっていいんですよ。

青木　猫と暮らしていて良かったです（笑）。秀子先生、わたし、ここ数年心と行動を分けて考えることを大切にしていまして。これは動物愛護活動を共にしている友人に教わったことなんですが、心って変えるのが難しいですよね。例えば、嫌いな人をすぐ好きになるのってなかなかできないです。でも行動を変えるのは、すぐできると思うんです。ですから、今先生が教えてくださったことを早速実践してみます。

鈴木　それに気づくことができたのは、すごいことですよ。行動を変えてみることで、中心軸は作られていくものです。毎日が一ミリ一ミリの成長ですよ。天から自分に向かって降りている柱があって、そこを通って神様のエネルギーが入ってくる。行動することで、自分はその力を発揮できる。そういうイメージをもって、誰かと比較するのではなく、行動するといいですよ。

青木　行動してみないと一ミリも動くことはないですもんね。

鈴木　もしやってみて、「失敗した」「できなかった」と思っても、また始めればいいんです。人は生きている限り、いつでもやり直すことができますから。うまくできたら、「今日、これがうまくいったよ」と、お友達と一緒に自慢大会をするのもいいですよ。

青木　面白そうです。つい謙遜癖《けんそんへき》が出てしまうので、自慢はほとんど人に言ったことがありません。自分を卑下《ひげ》することを言いがちです。その方が楽なので。

鈴木　難しく考えず、相手に通じないような自慢だっていいと思ってやってみるといいですよ。さやかさんだったら、お子さんと一緒に自慢大会をやってもいいじゃないですか。

青木　わたしは恐らく中心軸が弱いせいか、何か行動する前に人に話を聞きに行くことが多く。占いにもよく行きました。それが最近はおみくじになってきました。おかげで課金が数万円から百円に。だんだん安くなってきています（笑）。

鈴木　あら、良かったじゃないですか。おみくじを抜けたら、その次は自分にどうすればいいか聞いてみればいいんですよ。

青木　迷ったらいつも自分に聞く。どうしたら、そこまでいけるんでしょうか？何か心掛けたらいいことがあれば教えていただきたいです。

鈴木　人から「ありがとう」とお礼を言われたら、その言葉を素直に受け取ること。あるいは、人から「親切ね」と褒められたら、「いやいや、私はそんなに親切な人間ではない」と思うのではなく、「その人は私のことをそう感じてくれるんだ」と、素直に受け取ること。自分を卑下することなく、「そうか、私にはそんな力もあるんだ。自分は神様が作ってくれたものだから」と思うことですね。自分で自分を認められれば、中心軸ができ、人は本来の力を発揮するんです。

青木　中心軸は、自分が人とは違うと気づくこと。それを認めていくことでできていくんですね。

辛い出来事の中にあるメリットを考えてみる。

鈴木　さやかさんが、最近辛いと感じたのはどんなときですか？

青木　そうですね。例えば、信頼していた相手から裏切られたと感じたときは辛かったです。

鈴木　ちょっと考えてみてください。裏切られたことによって、どんなメリットがありましたか？

青木　裏切られたことのメリットですか？　そんなものが、あるんでしょうか

（笑）。しぼり出すと……そうですね。「こんな辛い思いをするなら、自分は人を裏切らないでおこう」と思います。

鈴木　何か学びがありますでしょう。

青木　はい。裏切られたと感じましたけれど、そもそもわたしが勝手に相手に期待し過ぎていたかもしれないとも思います。今、しぼり出しました。

鈴木　その二つが思い浮かんだだけでもすごいことですよ。自分の周りに起こることは全て、自分の助けになるために起こっていると考えてみてください。さやかさんは、裏切られたことで「人に期待し過ぎると、自分を傷つけることがある」ということを知ることができた。辛いことを種に成長したんです。

青木　そう思うと少し気持ちが楽になります。秀子先生は、もし人から酷いことをされたときは、どう対応されるんですか？

鈴木　知り合いの中に、すぐ人をターゲットにして攻撃したり、人を支配しようとしたりする人がいたのですが、そういう人には反発しない、取り合わないのが一番です。

青木　取り合わない……ですか。難しい。つい相手の調子に合わせてしまいがちです。

鈴木　あなたはいい人で親切ですから、人から攻撃の標的にされることがあるでしょう。

青木　はい。いい人かはわからないですが。どちらかというと標的タイプかと。

鈴木　取り合わないということがすぐにはできなかったとしても、ひと月に一回でもできればいいんですよ。いつも成功できなくても、たまに成功すればいい。

青木　月に一度ならできそうです。やってみます。

人の悩みを吸い込まない。

青木　秀子先生、わたしのところにも悩みを相談したいという人がたまにいるんですね。でもだいたいですね、一度だけ相談しに来て、二度目以降の相談に来ないんです。どうしてなんでしょう?

鈴木　もしかしたら、その人は、ただ悩みを「聞いてもらいたい」と思って相談しに来ているのに、さやかさんがすぐに「こうしたらいいですよ」と導いて教えてしまうからじゃないかしら。

青木　わたしが教え過ぎるということですか?　心当たりしかありません!

鈴木　相談に乗るときというのはね、相手に半歩遅れてついていくくらいでいいんですよ。

青木　半歩後ろですか。他に、良き相談相手になれるコツがあれば教えていただきたいです。

鈴木　相手の話を聞くときには、まずは徹底的に悩みを吐き出させること。全部話し終わると、「でもね、私も悪かったんです」とか、だんだん言うことが変わってきます。そしたら、次はあなたが「そうでしたか。これからどうしましょうね」と言います。たぶんさやかさんは、色々と経験されてきて相手の話を聞くと次にどうしたらいいかすぐわかるから、先に言ってしまうんですよね。

青木　「こうしたらいい」と食い気味で言いがちでした。

鈴木　それから悩みというのは、聞く方もくどくど聞いちゃダメなんですよ。一度だけ、丁寧に聞くこと。

青木　一度だけ、ですか？

鈴木　同じ話を繰り返していると、相手もだんだん同情を引こうというふうになってきてしまいます。ですから、たくさんの人の悩みを聞くというのは、訓練が必要なんですね。

青木　同じことを繰り返し言う人には「それ、先日も聞きました」って言ってしまってもいいですか？

鈴木　それはダメですよ（笑）。そういうときは、相手がそれ以上、同じことを言いたくなくなるように「そんな思いをされたんですね。辛かったですね」というふうに言って、その後に「でも、これで今後は大丈夫かもしれませんね」とか、少しだけ方向を変える言葉を掛けてみる。「こうしたらいいですよ」とは、一切言わない。

青木　悩みを聞くときというのは、相手と同じ次元に立っちゃったらいけないんですね。相手から少し離れたところにいるくらいがちょうどいいんですね。

鈴木　そう、少し距離を置いて、まずは相手の話をそのまま受け止めないと、相手は同じことを繰り返し言いますから。そして話せば話すほど、愚痴が余計に心に刻まれていくんですよ。

青木　勉強になります。わたしのところに相談に来る人にもリピーターが増えるかもしれません（笑）。

鈴木　私も時々、「こうしたら」と人に言うこともありますが、それは相手のことを既によく知っていて、絶対にその提案を受け入れるとわかっているときだけですね。相談というのは、相手の状況が１００％というのが基本です。だからじれったいものですよ。

青木　秀子先生は、たくさんの方々の相談にも乗ってこられて、重いご相談を受けることも多いかと。ご自身のメンタルが落ち込んでしまいそうなときってありませんでしたか？

鈴木　相談相手の問題は自分の問題ではない、ということをしっかり自覚したうえで話を聞くようにしているので、私が落ち込むことはありません。その人の悩みはその人の問題ですから、聞く人が吸い込まないことです。同じ次元に立ってしまうと愚痴の言い合いになりますから。

青木　秀子先生、愚痴は一旦言い出すと、止まらなくなるときがあります。

鈴木　愚痴は言ってもいいですが、悪口と同じで言えば言うほど、自分に返ってくるから要注意ですよ。だから相談に乗る相手というのは、相手と適度な距離を置くことができる、悩みを吸い込まない人がベストですね。

青木　はい。自分と同じ次元の相手には言わない方がいいですね。

鈴木　あなたは動物が好きでしたね。人に言うと止まらなくなるようなら、猫でも抱っこしながら、愚痴を言えばいいんですよ。

青木　確かに、猫とわたしは次元が違う感じがします。

鈴木　愚痴を言うときに注意するのは、「事実・影響・感情」の順で話すこと。「朝からたくさん仕事して（事実）・疲れた（影響）・今日は何もしたくない（感情）」

とかね。

青木　猫相手でもですか？

鈴木　猫相手でもそうです。話してみることで、自分を感じ、状況がみえてきます。

青木　うちの可愛い猫を抱いて試してみます。

鈴木　「事実・影響・感情」は、人を褒めるときにも「掃除を手伝ってくれて（事実）・助かった（影響）・嬉しい（感情）」というように、色々な場面で使えますから、覚えておくといいですよ。

物事には必ず両面があることを心に留めておく。

青木　わたしの母は、「離婚するなんて絶対ダメよ。みっともないから」とよく言っていたんです。なのに、そう言っていた母が、わたしが高校生だったときに離婚したんです。当時のわたしからしたら、今まで教わってきたことが全てひっくり返るような、かなりショックな出来事でした。

鈴木　あなたにとっては大変なことでしたね。時間が経っているので、いい例として、そのことを考えてみましょうか？

青木　いい例、としてですか？

鈴木　はい、いい例として。あなたのお母さんは、世間体を大事にしたい、自分がいいと思うことを子どもに与えたいと考えて子どもを育てた。でもそれはあなたにとっては単なる押し付けであり、望んでいることではなかったということですよね。

青木　はい。ですから母には、一言「矛盾していました」と謝ってもらいたかったです。わたしも今の年齢になれば、母が離婚したことに納得できますし、当時の母の気持ちを理解したいなとも思いますけれども。

鈴木　さやかさんのお母さんは、離婚はみっともないと言っていた。それは世間体が大事だったからですね。でも人間は、どんなに立派に見える人でも、自分がいいと思うことだけでは生きられないわけです。だから、いいと思うことは子どもに押し付けたけれど、実際自分ではできていないこともいっぱいあったわけです。

青木　おっしゃる通りです。わたしは、母には理想とか、世間体を押し付けるのではなく、わたしそのものをただ認めて欲しかったです。ですが、歩み寄らず、歩み寄り方もわからず、ただただ反発し続けていました。

鈴木　反発し続ける日々は辛かったでしょう。でも時間が経ったとき、親に反発したことを振り返ることによって、自分が何を求めていたのかに気づくこともあります。結局、自分が嫌だと思うことの中にも必ずいいことがあるんですよ。

青木　秀子先生のお話を聞いていると、どんな物事にも両面あるんだな、と思います。

鈴木　自分自身の両面も考えてみましょうか。他の人からみたら、あなたも、お母さんと同じようなことを誰かにしていることがあるのかもしれません。

青木　自分でもそんな気がします。はい。

鈴木　自分では気づいていないけど、他人は気づいていることもありますね。

青木　そうですね。辛いですが、きっとあります。

鈴木　きっと自分も誰かに同じことをしている。あなたのお母さんと同じように世間体を気にして、それを子どもに言っていることもあります。

青木　わたしは母からいつも「勉強しなさい」と押し付けられて育ったので、娘には「勉強しなくていいわよ」とよく言っていたんです。そしたら、ある日娘から「勉強しなくていいって押し付けないで」と言われました。

鈴木　娘さんの方は、さやかさんのこと「お母さん、本心は勉強しなさいって思ってるんだ」と見抜いているわけです。

青木　あー、なるほど！

鈴木　でもあなたのお母さんが世間体を大切にしなさいって言ったことで今、自分の助けになっていることはありませんか？

青木　うーん……、そうですね。やはり外ではきちんとするように、しつけてもらったのかもしれないとは思います。

鈴木　そう思いますよ。色んなことをきちんとする。それができないと、今これだけのお仕事ができていないわけですから。さやかさんは､外のことだけでなく、一人でお子さんをしっかり育てていますし、テレビでも公開できるほど、お部屋もきれいにされているみたいですし。

青木　見せるためにきれいにしているところもありますが（笑）。

鈴木　それでいいじゃないですか。そしてお友達もたくさんくる。それは色んな人への気遣いができるからでしょう。周りの人に対する心配りとか気遣いをしなさいよ、というのがお母さんの言いたいことだったわけですね。世間体を気にしていたと言うと嫌かもしれませんが、お母さんが伝えてくれたいいものが自分の知らないうちに受け継がれて身についたおかげで、今日までこられたわけじゃありませんか。

青木　世間体と思うとすごく嫌になってしまうんですが、それを気配りというふうに考えるとそうですね。「世間体」を「気配り」。すごく素敵です。

CHAPTER

2

ネガティブな感情と向き合うコツ

感謝の瞑想をする。

鈴木　瞑想《めいそう》をしたことがありますか？
青木　ちゃんとやったことはありません。
鈴木　それではちょっと時間をとって、瞑想をしてみましょう。椅子に座ったまま目を瞑《つぶ》って、ゆっくり呼吸をしていてくださいね。

あなたは今、生まれたところです。
何にも力がなく、ただ横たわっています。
誰があなたを見てますか？　どんな顔をして見ていますか？
赤ちゃんが無事生まれてきて、
みんなで喜んでいるのではないでしょうか。

あなたを抱っこしているお母さんの喜びが伝わってきます。

あなたはだんだん大きくなっていきます。
お母さん、お父さんだけではない色んな人に出会います。
周りにあなたを育ててくれる人がいます。
この子が本当に良い一生を送れるようにと、
食べ物を与え、服を着せ、部屋にきれいな空気を入れて、
きれいな布団に寝かせ、寂しいときは抱っこをしてくれます。

あなたは、だんだん大きくなって学校へ行きます。
仲の良い友達もいれば、良くない友達もいるかもしれないけど、
学校生活の中で色々なことをやり遂げていきます。
道で会う人、お店の人、たくさんの人に出会います。

その中にはあなたに親切でない人もいるけれども、
それに耐えられるだけの力をあなたはもっています。
そしてもっと大きくなり、中学・高校生になります。
その間、親に反発もしたり、
やんちゃなことをしたりしたかもしれない。
そのときも見守り、この子が幸せになるようにと
願い続けている親がいました。

そして、さらに成長して大人になりました。
出会う人たちは、親とは違う態度で
一人の人間としてあなたを大事にしてくれました。

人間として色んな体験を重ねながら
社会で辛抱しながら生きてこられたのは、

支えてくれる人がたくさんいたからです。

親は、面倒くさいことをたくさん言いながらも
あなたの人生が幸せになりますように、
あなたが満足して生きられますように、
喜びをたくさん味わえますように、
健康で人からも好かれ、一日一日を楽しくできますようにと
願いながらあなたを見つめています。

もっともっと良くなって欲しいという、
人間である親の欲から、色々な口出しをしますが、
心の根底にあるのは、あなたに幸せであって欲しいという願いです。

そしてあなたは今、五十歳になります。

無事に生き続け、社会で自分の成すべきことをやり遂げ、
一日を送ることができるようになりました。
親や友人たちが無条件に示してくれた
愛情のもっともっと奥の深いところに入ってみると、
あなたを生かし続けてくれ、
息をして、健康であるように保ってくれるあなたを作った神様がいて、
今もあなたに一瞬一瞬の命を与えてくれています。

人間は誰かが目の前で死んだら、
生き返らせたい、息を吹き返して欲しいと思いますが、
誰一人として死んだ人に命を与えることはできません。

命は神様の愛の表れです。
だから私たちの存在一人一人は、

神様の愛の表れとして生かされています。
大切な一人一人に送り続けてくれている
神様の愛は、周りの人やできごとを通して示されます。

一人一人は本当に愛され、全部知り尽くされ、そして全て赦《ゆる》される。
そして愛され抜いて力を与えられ、一瞬一瞬支えられ、生かされています。
それほど自分というのは大切な存在です。

鈴木　はい、ここまでです。今、瞑想してみてどんな感じがしましたか?

青木　……とても楽な気分です。わたしの親はもう亡くなっていますが、今、瞑想しながら、失敗しているときも幸せなときも、両親が心に掛けてくれていることを感じました。こうして、生まれたときのことを考えたり、色んなことを思い起こしたりしてみると、いかに当たり前だと思って生きてきたかに気がつきます。

鈴木　自分一人で今日まで生きてきたわけではありませんよね。赤ん坊で無力だったときから現在に至るまで、どれだけたくさんの人たちからの恩恵を受けながら生きてきたことでしょう。

青木　そう思うと、もっと感謝しなきゃいけないという一言です。

鈴木　今、生きていることは当たり前ではないと気づくこと。五十代からを生きる秘訣はね、そう、感謝なんですよ。

青木　秘訣は、感謝ですね。

鈴木　幸せに機嫌よく生きる秘訣は感謝。感謝さえあれば、あらゆる問題が解決するんですよ。

孤独を感じたときは感謝する。

青木　秀子先生、感謝についてもう少し教えてください。感謝さえあれば、あらゆる問題が解決する。それはなぜでしょうか？

鈴木　逆に感謝がない状態というのは、自分がたくさんの人と繋がって存在しているということを忘れている状態です。この「自分が誰とも繋がっていない」という思い込みは、一番危険なものです。

青木　わたしも自分が孤独だな、と思うことはよくあります。そう思った次の瞬間には誰とも繋がっていないとも感じますね。

鈴木　私がアメリカの大学で教鞭《きょうべん》をとっていた頃、自殺願望がある人のカウンセリングをしていたことがあります。私のところにカウンセリングに来て、「死にます」と言う人に私はまず、「それはあなたの選択だから私は何も言いません。

けれど、自殺を決行する前には必ず私にお別れを言いに来てください」と言います。その方がその場で「約束します」と言うまでは、危険だから絶対に家に帰らせないんです。

青木　そういう方は、次のカウンセリングにも来られるのですか？

鈴木　次はたいてい、上から下まで真っ黒の格好でやってきます。黒というのは不思議な色ですね。再びお話しすると、やはり「死にます」と言うんですね。そこで今度は「死にたいと思うその理由は何ですか？」と尋ねます。すると「自分は誰からも信頼されていない」「誰からも愛されていない」「誰も自分のことに目を向けてくれない」といったことを言うのです。それで、駅のホームに立っているとき、「電車の中にこんなにたくさん人が乗っている。でも自分は誰とも繋がっていない。生きていてもしょうがない」と思った、「向こうから来る電車にふっと飛び込みたくなった」と。

青木　わたしも過去にそう感じることはありましたから、理解できます。ですが、それは思い込みということでしょうか？

鈴木　さっき瞑想したときに、今まで出会った、たくさんの方が浮かんできましたでしょう。

青木　はい。浮かんできました。

鈴木　今、私たちが座って話しているこの場も、たくさんの人が関わって存在しています。例えば、このテーブルを作ってくれた人、テーブルの素材となった木を育てた人がいる。椅子を運んでくれた人、ここにお茶をもってきてくれた人がいる。あなたがここに来るまで、電車を走らせてくれた人がいる。そういう人たちの助けによって今日ここにいられるわけです。これまで出会った人だけでなく、会ったことがない、見えないたくさんの人の恩恵によって、この場があるわけじゃありませんか。だから、人が生きている以上、誰一人とも繋がっていないなんてことは、ありえないんです。

青木　走らせてくれてありがとうという気持ちで電車に乗ったことはありませんでした（笑）。でも、そう思って今改めて周りの物事を眺めてみると、何事も誰かがしてくれたことばかりですね。

鈴木　日常生活で、そういうなんでもないことに気づき、感謝することを習慣にしていると、自分は誰とも繋がっていないという感覚はなくなっていくんですね。感謝こそが、人生に起こる問題の解決になるというのは、そういう理由です。

青木　誰かと繋がっているなぁと思うと、ポッと灯が点いたような温かい気持ちになりますね。

鈴木　感謝していると、ポジティブな言葉が出るようになります。家族や友人、お店の方に何かしてもらったら「ありがとう」と必ず言うと孤独は消えていきます。「そんなおべんちゃらを」と言う人もいるかもしれませんが、たとえそう言われようと「あぁ助かりました、ありがとう」と言えばいいんです。

青木　はい、わかりました。わたしは離婚してますけど、結婚生活もそうですよね。

鈴木　夫婦関係でもそう。結婚生活をうまくやっていくための一番のコツは、しつこいくらい「ありがとう」を言うこと。「ゴミを出してくれてありがとう。本当に助かっちゃった」とか「お茶を淹《い》れてくれてありがとう。美味しかった」とか、日常の小さいことに感謝するんです。

青木　ありがとうございます。この言葉、もっともっと言えるようになりたいです。

嫉妬する自分も「いいな」と思う。

青木　「嫉妬」って邪魔な感情だなぁと思うことがあります。仕事の嫉妬、男女の嫉妬、女友達の嫉妬。どう付き合っていったらいいんでしょう。

鈴木　嫉妬が起こるときというのはね、相手の楽しそうなところだけを１００％にして考えてしまっているんですよ。そしてそれとは反対に、自分の辛いところだけを１００％にして比べるんです。あの人は全てが楽しそうで、自分は全てが辛いと思う。そこに嫉妬が起きるわけです。でも人間は、どんなに楽しそうに見える人でも、半分は辛いことがあり、それでバランスをとっているんですね。

青木　もう少し詳しく教えてください。

鈴木　例えば話してみてください。あなたが羨ましいなと思う人のこと。

青木　そうですね、例えばですけど……。「守られているな」と思う人。幸せそうで、そして美しくて！　まぁ、過去と比べると、人を「いいな～」と思うことはだいぶ減ってきましたけど、それでも未《いま》だにありますよ、嫉妬。

鈴木　それは、どんなときにそう思いますか？

青木　例えば、SNSを見ているときですね。わたし、仕事の宣伝も兼ねてインスタグラムをやっているんですけど、アプリを開くと色んな人の楽しい写真が出てきます。知り合いや人の楽しい情報を見ると「いいな、この仕事」とか、あと「旅行にまた行ってる。いいな」と思ったりします。若手芸人だった頃ならまだしも、「五十にもなってこんな思いをもつのか、わたしは！」なんて、そんな自分自身に驚きもするんですけど。

鈴木　そうやって相手の楽しそうなところだけを100％にして比べてしまうのが、先程も言った通り、嫉妬ですね。でも私がつくづく思うのは、それは単なる思い込みだということ。

青木　これも思い込みなのですか?

鈴木　私はこれまでたくさんの方から相談を受けてきましたが、その中には、経済力も社会的な地位もあり、容姿が美しく、人間関係が良く、傍《はた》からみると全て整っていて「あんな恵まれている人はいない」と思われるような人もいました。そのような人でも、相談に来て一旦口を開くと、想像もつかないような、その素晴らしさに匹敵するほどの苦悩を抱えています。

青木　それを聞くと、正直溜飲《りゅういん》が下がる気持ちもありますけれども。おっと、五十にして嫉妬どころか性格が悪いですね(笑)。ですが、つくづく人の本当のところはわからないものなんですね。

鈴木　「あの人はすごい」「楽しそう」「得している」と思ってみていた人でも、必ず苦悩を抱えていましたよ。

青木　相手を羨ましく思ってしまうのって、自分がうまくいってないときなのかなと思ったりします。若い頃は、まさに仕事が行き詰まったときによく嫉妬してましたね。男の先輩や同僚が、甘え上手な女の子をちやほやしていると、先輩に「あの子、超性格悪いですよ」とかわざわざ言って「いや、そういうこと言う青木の方が性格悪いだろ」と、逆に言われてしまったりして。

鈴木　甘え上手な人が羨ましいと思うのは、そういうことができれば、今より苦労しないで生きられると思うからです。嫉妬は、世間では悪い感情とばかり思われますけど、その源にあるのは、生きるエネルギーを高めてくれるわくわくする感情です。それはなぜかというと、嫉妬が湧き起こる前には「あんなふうになりたい」「自分を磨きたい」という希望や向上心があるから。だから嫉妬は、生きている限り成長し続けたいという人間の本性に合っている感情なのですよ。

青木　目からウロコです。でも、それがいつの間にか苦しくさせる原因になってしまう……。

鈴木　嫉妬が苦しい感情になってしまうのは、自分がうまくいってないからというよりも、相手が自分とは別の人間であるということを忘れているからなんですよ。まずは相手と自分が違う人間であるということを、しっかり認めることです。

青木　同じ人間ではないと思っているつもりでも、つい比べてしまうのですが。

どういうふうに考えれば、そうならずにいられますか？

鈴木　相手がもっている良さを自分の中で育てるとしたら、どういう形で育てられるかを考えてみれば良いのです。甘え上手になれなくても、彼女みたいに周りと楽しく過ごすにはどうしたらいいんだろう？　と、相手と自分は違うという前提で自分のためになることを考えてみる。

青木　そうすれば、やみくもに嫉妬することはなくなりますね。嫉妬は、自分がそこに向かいたいと思う道があると示してくれるものだと考えたらいいですね。

鈴木　そういうことですよ。嫉妬したときは、「私は良くなりたい、成長していきたいと思っている。そういう自分っていいな」と思えばいいんです。さやかさんは、自分の気持ちを正直に摑む方だから、この訓練をすれば、これからの人生がどんどん良くなりますよ。

青木　はい。わたしは素直で正直ですから！　頑張ります。そしたら、これから先、いい出会いもあるでしょうか？

鈴木　ええ。「弱っているから助けて」としがみ付くような相手ではなく、対等で、それぞれが自分の目標に向かって努力する、そして助け合いながらお互いに成長する関係を築ける人が必ず現れます。あともう一歩ですね。

青木　もう一歩！　ふふふ。

「あの人が嫌い」と思ったときは、自分を知るチャンス。

青木　嫉妬の話と近い部分があるかもしれませんが、人を「嫌い」という気持ちを人生後半、完全に無くしたいんですが。どうしたらいいでしょう？

鈴木　なぜ相手を嫌いと思うかというと、それは相手の中に自分と同じものをみているからなのです。

青木　え、そうですか。耳が痛いですが、わかる気もします。

鈴木　例えば、どんな人のことを嫌だなと思ったのですか？

青木　最近の話ですと、ある男性が「それ、この前話してたときはこう言ってなかった?」と会話を詰めてくる方だったんですね。わたしは話しながら「この人、会話に遊びがないなぁ」「冗談通じない人だなぁ」と思ってたんですけど。今、お話を伺って考えてみますと、確かに、わたしも冗談が通じてないって言われたことあるんですよね。芸人だというのに(笑)。

鈴木　人を「嫌い」と思ったときは、「あの人にも半分いいところ、半分悪いところがある」と認めること。まず、自分はその真ん中に立って「あの人、こういういいところがある、こういうところは嫌だな」と感じる。その嫌だなと感じることは、たいてい自分の中にもあることです。

青木　人をみて、己を知ることができますね。

鈴木　以前、働き盛りの男性を対象にしたワークショップを開催したことがあります。五十人くらいの方と会議室に集まってお話ししていたら、ある人が「会社の上司が嫌いだ」と言い始めました。他の皆さんも「そうだ、そうだ」と言うので、私が「では、今日はワークショップに参加した皆さんで、普段上司に言いたいと思っていることを、思い切り何でも言い合いましょう!」と提案したんです。

青木　それは楽しそうですね。一度参加してみたい（笑）。それで皆さん、どうでしたか？

鈴木　「このバカやろー！」とか「てめえら○○だー！」ってね、皆さんすごい勢いで叫び始めました。口に出したこともない言葉を叫ぶ快感もあったのでしょう、とにかく本気でした。だんだんエスカレートして「いつも図々しいこと言ってきやがって」とか「人にばっかり難しい仕事押し付けてきて」とか大声で叫んで、部屋中ものすごい熱気だったんです。ところが、七分くらい経った頃でしょうか、だんだんみんな声が小さくなって、最後は皆さんシーンと静まり返ってしまったんです。

青木　あら、どうしたんでしょう？

鈴木　私は静まり返った皆さんに「上司があなたの目の前にいると思って叫んでいいんですよ。ここなら何のしっぺ返しもないですから」と言ったんですよ。そしたら、一人の方が手を挙げて「これ以上言うのは嫌です」と言うのです。「どうして嫌なのですか？　こんなチャンスはまたとないですよ」と言いましたら

「だんだん上司ではなく、自分に言っているような気がしてきたんです」と。

青木　不思議な感覚ですけれども。声に出したことで、そのような気分になってしまったんでしょうか。

鈴木　そうでしょう。人間には、いいところも悪いところもあると言いましたけど、どうしても嫌なものは嫌、その人の全てが嫌いだと思うときもありますよね。なぜそういうことが起こるのかというと、その嫌いな部分が自分の中にもあるということに気づいていないから。口に出して言ってみて、自分に返ってきたわけですよ。

青木　嫌いという感情とうまく付き合うには、まず自分を知るというのがとても大切なことなんですね。ところで秀子先生も、誰かのことを嫌いなんて思われることがあるのでしょうか？

鈴木　それはもちろんありますよ。

青木　喧嘩《けんか》をされることはあるのでしょうか？

鈴木　ありますよ（笑）。ちょうどこの前、少し喧嘩した方がいましてね。その方はこちらを支配してコントロールしようとするわけですよ。それで、私は「あの人、大嫌い」と仲の良い人に言っていたわけですけど。

青木　秀子先生も悪口を言われることがあるんですね！

鈴木　話を聞いてくれている方もだいたいの事情はわかっているから、一緒になって滅法《めっぽう》なこと言うんですけどね。でも、話しているうちに、だんだん私も人をコントロールしようとするようなところがあるんだって気づくわけです。

青木　安心安全な場でお話しして、自分を感じられたんですね。

鈴木　そうですね。でも悪口を言うのはその場で一度きりです。あまり繰り返して言うと根が生えて、さっき言ったようにやがて自分に返ってきますから。一度言ったら、「でもね、あの人もさみしいんだよね」とか言って、それでその話はおしまいにします。

青木　実はわたし、悪口は自分に返ってくるということを知って、自分の中で「悪口を言わないぞキャンペーン」というものを五年前から実施しております。でも、知人や友人から誰かの悪口をもち掛けられたときは、どうしたら良いでしょう？

例えば、「あの人って、◯◯だよね？」ですとか。

鈴木　そういうときは、相手に「▲▲さんは◯◯が嫌なのですね」と言ってみる。相手が同調を求めてきたら、「そうですね」ではなくて「そう」とか「そうですか」と言う。「そうね」と言うと、相手と同じ次元になってしまいますからね。

青木　確かに「そうですか」と「そうですね」は、似てるようで全然違う言葉ですね。そうすれば、今先生が言われたように、悪口は一度きりにできますね。

鈴木　そうやって小さい行動を意識して変えてみると、自分が変わり、人間関係が変わってきますから。

青木　支配的になってしまう方って、本人は気づいていない、自分が親切だと思っていることも多いと思います。もちろんわたし自身も含めてだと思うんですが。

鈴木　本人が自覚していない場合ですね。人に親切にして喜ばれるのが好きな人は、どうしても支配的になりやすいですから、要注意ですよ。

青木　自分で気づかないうちに支配的になっている人って本当に厄介で。ターゲットにされると、「こんな暴力ってないなぁ」と途方に暮れます。

鈴木　そういう方がいて困ったときには三段階を踏んで、相手に事実・影響・感情の順に伝えると良いです。例えば、「あなたは、こうおっしゃる・私はそう言われると辛くなる・そういう言い方はやめて欲しい」と順番に言えばいいんです。

青木　わかりました。ただ、相手を支配的にさせているのも、きっとわたしの性格に原因があるんですよね。そんな自分を変えたいです。

鈴木　自分を変えようなんて思わなくていいんです。ただ、伝え方を変えるだけで良いのです。親切なさやかさんのままでいいんですよ。

評価は「あればいい」くらいのもの。自分から追い求めない。

青木　色々なことがうまくいかなくて、ムクムクと自分を苦しめる感情が湧き上がるとき、先生はどうされるのですか？

鈴木　マザー・テレサの祈りを思い出します。それは、人から愛されたい、褒められたい、称賛されたい、そういうような欲望を自分の中から消し去ってください、ということなのです。

青木　マザー・テレサも人から褒められたかったんですか。初めてマザー・テレサを身近に感じました。

鈴木　欲望というものは、どんな聖人になろうとも、いくつになろうとも、人間性の中に組み込まれているものです。だから消し去ることは、本当はできないけれど、「今、自分の中のそういう傾向が出ているな」と気づくことが大事ですね。

青木　一見マイナスと思えることも、視点を変えさえすれば、自分の力になるわけですね。この「愛されたい、褒められたい、称賛されたい」ってとてもよくわかるんですけれども、どこまでいっても足りないものだなぁとつくづく思います。

鈴木　あなたは、どういうふうに褒められると嬉しいですか？

青木　そうですね……。例えば、自分が書いた文章を褒められるのは嬉しいです。でも、それも結局、自分が思っているように評価してもらわないと嬉しくないんですけど。

鈴木　人から受ける評価というのは、あれば幸せ、くらいのものです。結局、どんなに褒められようが、自分で自分に満足していなければ、いくら高い評価をもらっても幸せな気持ちにはならないものですよ。

青木　やっぱり最終的に、幸せを決めるのは自分なんだなと思います。

鈴木　五十歳になったら自分の足で立つことが大切です。

青木　五十歳になったら自分の足で立つっていいですね！

鈴木　ほら、こういうふうに話しているうちにだんだん自分で答えが出るわけですよ。最初にあなたが言っていた「五十歳からの人生、どういうものを目指して、どういうふうに自分を幸せにしていったらいいか」ということの答えがね。結局は、自分が現実に起こってくることをどういうふうにみて、それにどうやって対応していくか。

自分自身を頼ること、自分の中心軸をもつこと。今、話すことによって自分でその回答を出しているわけですね。

青木　なんだかもう、最終結論がでたって感じがします（笑）。

無理しそうなときは、話して思い込みをチェックする。

青木　わたしくらいの年齢になると、親の介護問題を抱えている方も多くなります。わたしと同じように親との関係がうまくいっていなかった友人がいるんですが、親と仲が悪かったからといって何もやらない自分も嫌で、そこに葛藤が生まれると言っていました。秀子先生だったら、彼女にどういうふうにアドバイスされますか？

鈴木　たくさんの方がそういう問題を抱えていますね。人生には自分の思う通りにできないことがたくさん起きますね。親が元気な場合でも、子どもが病気になるとか。

青木　８０５０問題《はちまるごうまる》（八十代の親が、五十代の子どもの生活を支えるために強い負担を請け負うという社会問題）も、すぐ隣にある身近な話です。皆、それぞれ悩みがありますが、五十歳くらいですとまだ仕事も忙しいですから、その中で親の介護もするって大変なことです。

鈴木　そういう問題に直面したときに第一に心に留めておかなくてはならないのは、その現実は変えようがないということ。そして変えようがない現実はともかく引き受けること。そうして自分が現実の中に立ち、何を自分が求めているのか、今とにかくやらなくてはならないことは何か、それにどう対応していくかを考える。それが大人の知恵ですね。その方は、自分では介護ができると思ってるかもしれませんが、現実にはできないかもしれない。

まず、できるかできないか。自分の思い込みをチェックするというのがすごく大事ですね。

青木　親の面倒は自分がみる、そうしないと親が不幸になる、という考えも違うってことですか？

鈴木　自分が親の介護を絶対すべきだと思っていても、施設に預け、自分は働いてお金を稼いで施設にお任せする方が、親もいい介護を受けられて、その方の人生も満たされていいかもしれない。

青木　「こうあるべきだ」ということから、一旦ちょっと離れてみるということが大事なんですね。

鈴木　多くの方もその方と同じように「親の面倒は子どもがみるべきだ」という思い込みがある。まずは話して、自分の思い込みをテーブルの上に並べて眺め、チェックしなければなりませんね。そのためには、何もアドバイスしないで聞いてくれる人が大事になってきます。

青木　やはりまず、安心安全の場ですね。

鈴木　結局、話し、自分の中心軸を育てて、誰かに振り回されないということが大事になってきます。

自立した人間になることで、人と深く付き合える。

青木　わたしは自分の過去を振り返ってみて、人との距離を詰めて良かったことってそんなにないなって思います。というのは、相手と親しくなって、距離が近づけば近づくほど、依存や嫉妬が起こります。仲良くなると、相手は自分のことをちゃんとわかってくれているだろうと思ってしまうんですね。それで、相手の行動が自分の想定内からずれたときに「裏切られた！」と思って批判的になりやすくなるんです。

鈴木　例えば、どんなことがありましたか？

青木　若い頃だったら、付き合っている男性に対して「え、クリスマスに会う約束しないってありえなくない？」とか「こんなプレゼント、わたしが欲しいわけある？」とか言い出して。全くどうかしています。だからもう、トラブルしか起きませんよね。友人との距離が近くなり過ぎて、支配まではいかなくても、他の仲間と出掛けた話を聞くと「え、そこ行くならわたしも誘って欲しかった」と思ってしまうようなことがありました。

鈴木　それは、確かに近づき過ぎている状態ですね。

青木　人とは深く付き合いたい。でも依存はしたくない。そのために、どうしたらいいでしょうか？

鈴木　自立している二人が協力し合う関係になることですね。

青木　自立とは、どういうことなのでしょうか？

鈴木　口で言うのはやさしく、実行するのは難しいですが、強いて言ってみれば、自分の力を信じて、考えて行動すること。外からのことに焦点をおくのではなくて。人と人が深く愛し合うというと、「そうね」「そうね」とお互いに言い合うような関係を思い描いてしまうかもしれませんが、相手の言ったことに対して「あなたはそうなのね」と敬意をもち、自分は自分のままでいる。それがお互いに自立した深い人間関係です。それぞれが中心軸をもつことです。

青木　中心軸をもってない二人が結婚して一緒になったとします。その二人は別れずにそのまま、それぞれが中心軸を育てることはできるんですか？

鈴木　もちろんです。多くの結婚は、そのように始まるのではないでしょうか。中心軸を育てていくためには、幸せは相手からもらうものではなく、それぞれのなかにあるということを知ることですね。だから五十代というのは、思い込みとか、自分を丸ごと受け入れて欲しいという欲求を断ち切って、自分自身の中心軸をしっかりもつと、嫌なことも客観的に見られるようになります。

青木　いいですね五十代！

鈴木　素晴らしいですよ。毎日五十歳だと思って生きようと思いますね。

自己肯定感は、自分で高められる。

青木　秀子先生、わたしは自分のことを自己肯定感が低い人間だと思っているんですが。自信満々な人がいると、羨ましいなと思います。

鈴木　自己肯定感が高いというのは、自信満々ということとは違うんですよ。

青木　詳しく教えていただきたいです！

鈴木　自己肯定感が高いというのは、自分の長所を認めると同時に、他の人は自分と違う存在であることを認めていること。人と自分を比べて競争するのではなくて、「自分はこれができる」「あの人はあれができる」。それを見極めた上で、自分という存在を認めることができることです。

青木　そもそもわたしの自己肯定感の認識が少し間違っていた気がします。

鈴木　自分は何を通して、人や世の中に貢献できるかがわかっているということですね。

青木　すると、自己肯定感というものはやはり高い方がいいんですね。

鈴木　ええ。例えば自己肯定感が高ければ、嫉妬で苦しむということにはあまりならないはずです。

青木　そう考えてみると、自己肯定感って、わたしが仕事をするなかでずっと探し続けていたことかもしれないです。どうしたら高められるのでしょうか？

鈴木　人に対して何かをしたとき、相手からお礼や評価を言われたら「いいえ、そんなことありません」などと否定することなく、自分で先に「よくできたね」と自分に教えてあげること。それと同時に、他人の助けを受け入れていくこと。

青木　自分で先に教えるというのは、全くしたことがなかったです。

鈴木　あなたはいつから、自己肯定感が低いと思っていたのですか？

青木　わたしが仕事で成功したいと思った理由の一つは、成功すれば自分を認められるかもしれないと思ったからだったんです。ですが、実際テレビに出る機会が多くなっても、そうはならなかったです。その時期はよく褒められていたとは思いますが、自己肯定感といえるものには繋がりませんでしたね。

鈴木　頑張っても頑張っても、自分の中で「もっともっと」になりますでしょう？

青木　そうなんです。「あー、今日の仕事頑張ったな」とは思うんですけど、一瞬だけ。長いときでも、せいぜい一日二日で消えてしまうようなものでした。仕事で得られないならと、周りの人に求めたこともありました。ですが、彼氏ができたときも、結婚をしたときも、自己肯定感には繋がらなかったですね。

鈴木　今はどうですか？

青木　「じゃあ何をすれば、自己肯定感を高めることができるの？」と、今も正直模索しているところです。ただ、それに気づいてから、その日の仕事がどういう結果だったとしても「今日、頑張ったな」と思って、自分を褒めることをしばらく続けています。

鈴木　続けてみてどうでしたか？

青木　わたしはせっかちなので一瞬で自己肯定感をつけたかったんですけれど、そんなわけにいきませんよね（笑）。二、三年続けてやっていたら徐々に、だいぶ

気持ちが楽になってきました。「まぁでも今日は頑張ったな」と思えるようには
なりつつあります。

鈴木　死ぬまでに「これで自分はもう満足！」と思える日がくると思います？
「今日の自分は全て良し」と。

青木　うーん、それはないと思います。

鈴木　そうですよね。人間からみれば、人は誰しも完全ではないですから。そういう自分のことを、自分の子どもだと思って、親になったつもりで褒めてあげると良いですよ。「今日一日無事に過ごせて良かったね、結構頑張ったじゃない」と言って。完璧を求めず、自分のいいところを認めてあげれば良いんです。

青木　自分で自分に語り掛けてはいましたが、親になったつもりで語り掛ければいいんですね。

鈴木　いつもお子さんに言うように語り掛ける。自分が自分の中にいる子どもの親になる、ということですね。でもあなたは、三年間自分で自分を褒めるということを続けて、少しずつ楽になることができた。それは、あなたの人生における

大きな成功だったのではないですか？

青木　はい、そう思います。楽になりました。

鈴木　自分で自分を認める。そういう感覚をもつことができると、今度は周りの人との関係が良くなっていきます。

青木　確かに、昔よりも安心してわたしの前にいてくれる人が増えたなという気はします。

鈴木　世の中には、自分と同じではない色んな人がいます。それでも、きちんと自分を認める努力をすることで、安心して人と付き合えるようになります。それは、あなたが相手の良さや、相手が人から認めてもらいたいと思っているものを認められるという形で伝わるからです。

事実が先。気持ちはあと。伝え方で親子関係は変えられる。

青木 わたしは自分の母を長年嫌って生きてきましたけれども、自分の娘からは嫌われたくないと思うんです。子どもから嫌われないための秘訣は、あるものですか?

鈴木 あなたが思う、お子さんとの理想的な関係はどういうものですか?

青木 そうですね。例えば、困ったことがあったら何でもわたしに言ってくれる、悩みがあったら一人で抱え込まない。一緒に笑い合う時間が一日に何分かある、といった感じです。

鈴木 あなたのお母さんは、子どもにどんな人間になって欲しいと思っていたのでしょう?

青木 母がわたしに望んでいたのは、大学にいくこと、勉強ができること、公務員になること！　でした。

鈴木　それでは、あなたはお子さんにどうなって欲しいと思うのですか？

青木　自己肯定感が高い人になって欲しい。わたしはいつも低かったと思うので。それから、自分でやりたいことを見つけて欲しいです。あとはいい人間関係を築けること。お友達がたくさんできるといいなと思っています。

鈴木　あなたがお子さんに抱いているその想いは、無条件の母の愛ではありませんか。あなたのお母さんだって、望んでいた形とは違っていたとしてもその思いでいたのではありませんか。

青木　そうでしたか。母には申し訳なかったです。

鈴木　申し訳ないと強く思ったり、自分を責める必要はないのです。先程も言った通り、人間はみな不完全ですから。

青木　秀子先生、娘には自己肯定感が高くなって欲しいなと思うんです。親のわたしができることはあるんですか？

鈴木　それはたくさんあるのではないでしょうか。例えば、お子さんが誰かに話を聞いてもらいたいとき、安心安全の場をつくる。子どもは自分の問題を曝け出して話していくことで、自分で解決していくようになります。

青木　わたしはあっという間にアドバイスしてしまいますね、娘に対しては特に。

鈴木　自信をもたせようとしてね。でも、親はそういう自分をコントロールする必要があるんですよ。

青木　親が自分をコントロールするんですね。

鈴木　親が何をコントロールするべきかというと、「教えたい、おだてたい、叱りたい」という気持ちです。これは相手をコントロールしようとする気持ちです。

青木　わたし自身は「教えたい」という気持ちは、すごくあるんですよ。娘が明らかに間違ったことを言っているような気がすることがあって、さらに間違った方向に進む前に教えたいという気持ちが。

鈴木　それを指摘することが必要なときもあります。言い方が大切ですが。本人が自分で気がついて直したいと思うことが大切ですね。

青木　でも、気づいてないから同じことをやっているんだと思うときがありまして。

鈴木　そうでしょう。それで子どもが気づかなければ気づかないほど厳しく言って、子どもは反発する。そこをうまくいい人間関係で子どもが自分から直すようになれば大成功。そしたら大いに褒めてあげて自信をもたせること。これが先です。

青木　子どものことをよくみているということが、重要ですね。

鈴木　そうです。親よりよっぽど子どもの方が親をみていますから。

青木　思い返せば、わたしも母をよくみていました。

鈴木　親子の間で反発が起こるのは当たり前です。あなたのお母さんがしたように、親は良かれと思ってつべこべ言うんですけど。だから何か言いたいときほど、言わないこと。

青木　この間、例えば娘が友達とのことで「あの子、人の悪口言うんだよ」って言っていたんですけど、娘も同じように悪口を言っているわけですよ。「自分が人の悪口言ってたら、自分も言われるに決まってるでしょ」って、すぐ言ってしまうんですよね。

鈴木　できないことを怒るより、できたことを褒めるのが大事です。例えば、いつも寝巻きをきちんと畳まない子が、一度だけちゃんと畳んでいた。そのときに褒めるんです。褒めるときは、まず事実を言う。「きれいに畳めたね」って。それから、「お母さん嬉しい」と自分の気持ちを伝える。事実と気持ち。褒め方も順番が大事ですよ。

青木　うちの娘はですね、部屋をしょっちゅうぐちゃぐちゃにするんです。わたしはぐちゃぐちゃな家が嫌だから、それを見てるのも辛いんです。でも、娘が片付けたときを見計らって、うまく褒めるってことですね。

鈴木　全部が全部きれいにならなくてもいいんです。机の上のえんぴつがきれいに並んでいたとか、そんな些細なことでも「今日あなたの部屋に入ったらえんぴつがとってもきれいに並んでいて、それ見ていてお母さんとっても気持ちがよかった」とか自分の気持ちを必ず伝えるんです。

青木　よくみていないと褒められませんね。彼女の行動や変化を。

鈴木　叱る必要があるときは、事実・影響・感情の順番で伝えること。例えば、電話をしているときに子どもがそばでわーわー騒いでいるとします。親は「静かにしなさい」「電話しているんだから！」と言うじゃありませんか。ところが子どもは、そんなこと聞きもしないでわーわー騒ぎ続けている。そのときに、「あなたがそんなに大きい声で騒いでいる（事実）と、お母さんは電話が聞こえない（影響）。だから静かにして欲しい（感情）」と言うんですよ。三段階を踏むんです。叱るときも褒めるときにも事実をまず言ってから、その事実によって起こった気持ちを伝える。褒めるときは、最後にお母さん嬉しいって伝えてください。子どもはお母さんが喜ぶのが一番嬉しいんです。

青木　そういえばわたしも子どもの頃は、母が喜んだり、笑ったりしているのをみるのが好きでした。気をつけます。叱るときはどうしても、特に感情が先立って「うるさい」だけで押してしまうので。

鈴木　子どもにすることも全て、自分の教育ですね。自分で自分を教育する。特に五十歳というのは分かれ目で、この先あと五十年を生きるうえでも、色んな問題が起きてくる。そういうときに自分はどうしたらいいか、自分で判断しなくてはならないから覚悟してね。そんな急にできないけれど、小さいところで、その夜「今日色んなことがあったけれど、どうにかこうやって生き延びられた、元気でいられる。頭もまだ大丈夫、よくやったね」と自分を労《いたわ》って、自分のやったことを認めてあげることが大事ですね。

価値観が合わない人とは縁を切るのではなく「距離を置く」。

青木　秀子先生、最近「合わない人とは縁を切りましょう」という風潮があるんですけれども、わたしはそれにそっと傷つきます。自分と合わない人とは一切付き合わないのが良いというんですね。「人間関係を切る」という言葉もよく使われるんですが、わたしはその発想に対して傷つくんです。

鈴木　あなたは、そうすることはないのですか？

青木　わたしは、一度知り合った人に対して、自分から相手との関係を切るということはほとんどしないです。だから、人が「あの人のスマホの連絡先消した」とか言ってるのを聞くと、怖いなぁって思うんです。「それ、相手はどう思うんだろう」というのが先に立つんですね。でも、わたし自身、人から急に縁を切られたと感じるときがあって結構辛いんです。先生はどう感じられますか？「人間関係、嫌になったら切りましょう！」という風潮。

鈴木　人との出会いは自分が意図するものもあるけれど、多くの場合はご縁で出会い、色んなものをその出会いからもらうわけです。いつもいい関係を築けるとは限らないですが、出会った以上は、お互い良い関係にある方がいいですよね。人間関係で人を切っていたら、今度は自分が人から切られますよ。

青木　はい。傷つくこともあるし、喜びもあるのが人間関係というものだと感じています。

鈴木　そうですね。人は色んな人と出会うことによって、人間として成長していく。そこに葛藤はあるかもしれないけれど、できるだけ相手はどんなことを感じているか考え、共感をもって、相手の役に立つようなことをしていくということが一番いい生き方ではないでしょうか。

青木　そうありたいです。さっき、人から急に縁を切られると辛いと言いましたけれど、とは言っても「この人といると自分のコントロールが利かなくなる」と感じるときに「今は距離を置いた方がいいかな」と思うときはあります。

鈴木　それは当然のことですよ。人間自分の命は、自分で守らなくてはならないのと同じです。日本の狭い国土の中で、皆、震災があれば震災の話ばかり、雨が降れば雨の話ばかり、嫌なことがあれば嫌なことばかり。なぜ一斉に同じ話ばかりするかというと、自分の身を守るためです。知っていれば、結局自分が嫌なことに巻き込まれず、しっかり身を守ることができる。「川が氾濫するらしい」という情報があれば、すぐ避難できるわけですから。命というのは一番大事なものですから、自分の安全と身を守り、いきいきと生きるために、それを阻害するものには近寄らない方がいいです。だからそれはいいんですよ。

青木　でも先生、価値観が合わないから関係を切る、というのはどうなんでしょう？　先生がさっきおっしゃったように、相手の中に自分をみるから嫌になるというお話もありましたが。

鈴木　嫌な人といるときは、なぜ嫌いかを考えれば、自分をみつめるいいチャンス。ただ、あまりに価値観が違う人とは、「縁を切る」というのではなく、「距離を置く」ことです。極端な例になりますが、「ずるいことをしてもいいから楽に暮らしたい」というような、人として受け入れにくいような価値観をもつ人からは、勇気をもって離れる。物理的に離れられないときは、心理的に離れるようにします。自分を守って、その価値観に振り回されないための方策を講じるんですね。なぜ距離を置くかというと、ある意味で自分を楽にしておかないと、エネルギーが出ませんから。

青木　縁を切らないということは、自分がこの人といると窮屈だとかエネルギーが出ないなというときは距離を置く。その後、エネルギーが補充され、タイミングがきたら、また共に過ごせるときがくるということですか？

鈴木　全ての状況でそれができるわけではありませんが、縁を切ったと思うより、距離を置いていると思うことです。価値観が合わない人といると、そのときは嫌な人だなと思うでしょう。けれど、少し時間が経ったときや、何かの拍子に、その人がいたことで得られたものがあると気づくこともあるんですよ。人間は気づくことによって成長していきますから。

誹謗中傷から心を守るコツは「なるべくポジティブ」。

青木　わたしがテレビに出始めた二十年くらい前の頃は、まだ今ほどにインターネットで何でも調べるという時代ではありませんでした。例えば、芸能人のことをあれこれ書くのは、「2ちゃんねる」という掲示板くらいで、当初はさほど一般的に人が参考にするものでもなかったです。でも今では、掲示板だけでなく、ニュース記事に対しても色んなコメントが書かれるんですね。

わたしも「なるほど、人はそういうふうな意見をもつのか」と思って見ることがあるんですが、そこに書かれたわたしへの評価というものを見たときに「一刻も早くタレントであることをやめたい」「この世界（芸能界）をやめたい」、もっと心が病んでいるときは「この世から消えたい」と思うことがあります。インターネットの書き込みって、それくらいのことを一瞬で思わせる力があると思います。

鈴木　一方的な書き込みが多いでしょうからね。

青木　もちろんわたしの自業自得な面もあるんだと思います。わたしが過去にしてきてしまったこと、言ってきてしまったこと、傷つけてしまったことが原因という場合もあります。

鈴木　そうやって自分を責めないことです。批判というのは、キリがないものですから。

青木　はい。わたしからするとすごく昔のことをもち出して、一方的に「嫌いだ」「お前なんて消えてしまえ」と書かれることもあります。こういうものに対して、どう向き合っていったら良いんでしょう？

鈴木　そういう攻撃的なことを書く人は、あなたに対してだけじゃなく、他でも言ってることが多いはずですよ。

青木　おっしゃる通り、攻撃の対象が一人や二人じゃないんですね。さらに怖いのは、こんなにたくさんの書き込みがあるのに、実際の生活の中で「ネットで悪口を書き込んでいる」と言う人に出会ったことがありません。ということは、多くの方が人知れず書き込みをしているんですよね。

鈴木　きっとそうですよね。

青木　ネット社会の今、ＳＮＳやニュースサイトへの書き込みで傷つくということは、顔や名前を出す仕事をしていなくてもあることだと思うんですが、そこから自分の心を守るためには、どうしたらいいんでしょうか？

鈴木　まず、誰かの悪口を書き込む人は、実際にはその悪口を書いている相手よりも、自分の中に不満があるんですよ。その不満をインターネットに書き込むという形で発散しているのです。でも、誰かにとってマイナスになることを書いたり言ったりすると、それは必ず自分に返ってきます。だから、その人たちも一時は発散して気持ちいいかもしれませんが、あとで自分に返ってきて辛くなりますよ。

私も人の悪口を言うこともありますし、そのときは気が晴れるところがあるんですよ。でも結局、後で嫌な気持ちになるんです。「また言っちゃった」と。人間は本能的に、マイナスなことを言い続けると、自分自身が落ち込んでくるんです。

青木　経験あります。悪口言ってスッキリしたはずなのに、家に帰ってなんだか後悔してしまうことが。

鈴木　そういうものから心を守るためには「なるべく、ポジティブ」でいようとするのがいいんじゃないでしょうか。全てが全てポジティブでなくていいんです。どんな人も不完全なもの。ですから、自分は日頃から「なるべくポジティブ」な言葉を使うこと。そして、もし嫌な場面に出会い、気分が悪くなったりしたら、外を歩きながら深呼吸をする。そして、安心安全な場で話し、聞いてもらうこと。自分の中に入れておかないことですね。

青木　はい。わかりました。

鈴木　でも見ないと気になるし、というのもあるんでしょうけど。

青木　自分でそういうものを見ないようにしていても、友達が「青木さんの記事にこんないいコメント書いてあったよ！」とわざわざ送ってくれたりすることもあるんですね。その中にも、わたしからすれば良くないことが書かれていることもあります。例えば「青木さやかのこと、昔は大嫌いだったけれど、今はまぁまぁです」のような。わたしからすれば「何様なんだよ！」みたいなことがあったりするんですけれども（笑）。

鈴木　良い悪い、好き嫌いの判断というのは、人によってみんな違いますからね。「あ、この人はそうみるんだ」と思うこと。何を言っていたとしても、それはその人の判断であり、自分の判断ではないということ。だって、そう思うようにしないと、政治家なんて生きていられないじゃないですか。

青木　確かにそうですね、政治家の人も大変ですね。

鈴木　自分が総理大臣や大統領なんだ、と思ってみるのでもいいじゃないですか。自分は事件や諸外国との問題に対してどう対応するかが最優先。外野があれこれ言っていることは、それは自分で解決してくださいよと思うようにすること。これも自分の心を守る一つの方法ですよ。

青木　毎日あれだけたくさんの書き込みがあるということは、不満をもっているという人がとても多いってことですよね。

鈴木　そう、自分の中の不満がね。

青木　楽しく生きていないって人が、とても多いってことでしょうか？

鈴木　不満をどこかにぶつけたいけど、ぶつけるところがないからそういう形でやっているわけです。だから視点を変えてみれば、その人、かわいそうですよ。人のことを悪く言う自分は、正義の味方だと思っている。でも本当に真剣に世の中を良くしたいって思っている人だったらそんな書き方をしませんから。

青木　わたしも昔は自分を「正義の味方だ」と思っていました。今考えれば、わたしだけの価値観で判断していました。

鈴木　自分の目で見えている範囲がこんな狭いというのに、広いところに向かって「あれが悪い、これが悪い」と正義の味方になったような気になって、色んなところが目につき出したら、「あぁ自分の思い込みがまた始まった」「自分の狭さがまた始まったな」と思えばいいんです。人はみんな自分と違うんですから。

相手の全てを知っていなくても友達は友達。

青木　秀子先生にとってお友達とはどんな存在ですか？

鈴木　どんな存在であるか？　それはたくさんありますが、まずは宝ということですね。何か一緒にしましょうとか、遊ぼうという関係ではなくても友達は友達です。ちょうど今朝、友人から電話がかかってきたんです。最初は名前を聞き取れなくて、誰かわからなかったのですが、高校時代の大親友からでした。「コロナ禍でずっと会うことがなかったから、今度会いたい」という電話だったんですが、こういう電話をもらうとすごく嬉しいですよね。昔から知っている人との、なんということのない普通の会話。「うちの夫の耳が遠くなってね」とか、彼女のそういう何でもない話を聞きながら、ただ一緒に話す。それだけで嬉しい、大切な存在ですね。

青木　いい時間ですね。わたしの友人に、隣人を自分のように愛せよ、という考えの方がいます。その人は時に厳しいことも言いますが、優しい人。いつも一緒にいるわけではないですが、この関係性はずっと変わらないと思える人がいて幸せだと思います。

鈴木　そういう長い付き合いのある友人もいれば、例えば同じ本を読んで、「こういうところが面白かった」「あんなことを考えた」と一緒に話すのが楽しい友人もいますね。同じ本でも自分とは全く違う捉え方をしているのを聞くと「あぁなるほど」と思い、自分の内の知的な部分が深まってきます。そういう友人がいると、すごくいいです。ただ、どんな友人であったとしても、基盤としては、相手が何を言おうが、相手が自分とどんなに違っていようが、お互いに受け入れ合っていること。それが友情というものではないでしょうか。

青木　隠し事をせず、裏表のない関係が理想だなと思うことがあります。

鈴木　私の親しい人の話です。AさんとBさんは、入社時の研修から仲良くなり、会社が終わったあともよく食事や飲みに行っていました。数十年間、そんな関係を続けていましたが、ある年、Aさんの奥さんが亡くなり、Bさんはお通夜の日に初めてAさんの家に行きました。家を見ると、立派な家なのにどこもかしこもぼろぼろで傷だらけです。実はAさんの息子は、中学生の頃に家庭内暴力を振るうようになり、学校に通わなくなりとても大変だったと。それでもAさんは「みっともないけど、自分の家でお通夜をしたいから」と家を見せたんですね。Bさんは、「自分はAさんのことを何もかも知っていると思っていたのに、何も知らなかった」と思ったそうです。でも結局、AさんとBさんの友情はその後も変わることなく続いたそうです。ですから、何もかも洗いざらい言い合えるのが友情ではなくて、ともかくお互いに大切にし合っているのが、友情というものの根底にあるのではないでしょうか?

青木　友人が隠し事をしていたんだと思うと、ショックだなぁとか寂しく感じることが多かったんですが、そう思わない自分でいられそうです。

傍にいるだけでも相手を大切にすることができる。

青木　相手を大切にするということについて、それはどういうことをするものなのか、教えていただきたいです。

鈴木　もう一つ、友情についてのお話をしましょうか。Cさんの家が、夜中に火事になり、全部焼けてしまったんです。夜が明け、火事を聞きつけたDさんが、お弁当やコートを持ってきてくれたりしました。でも火事に遭われたCさんは呆然として、火事で温まった庭の石の上に座りながら焼け落ちた家を眺めていました。Dさんは隣に座り、肩に手を置き、何も言わないでいた。家が焼けたCさんは、「Dさんは、私が自分でもわからない気持ちまで感じ取って一緒にいてくれた」と言ったんですね。人に寄り添うということ、友情ってそういうことじゃないでしょうか。私たちはついアドバイスしたりしてしまいますが。

青木　わたしだったらやたらと声を掛けてしまいそうです。何か飲むか、何が必要か、服を着ろ、などなど。

鈴木　あなたは親切だから。

青木　はい、徹底的にアドバイスしがちです。ですが、相手にはそれは必要がないということもあるかもしれませんね。

鈴木　先にするべきなのは、相手にとっての安心安全の場を作ること。相手が今、何を必要としているか考えること。さやかさんは、親切な自分を控えて、自分の中心軸にしっかり立ち、「相手のためにやってあげたい」という欲望を抑えること。

青木　自覚しないままやってしまいそうです。先生、やはりそうすると「自分を知る」って重要なことですね。

鈴木　人は自分が自分のことを一番よく知っていると思っているけれども、実は一番わからないのが自分というものです。人はそれぞれ必ず個性がありますから、自分は何を耐えればいいのか、何をコントロールすればいいのかということを知っておく必要もありますね。そのためにはやはり、自分のことを話すことによって、問題をテーブルの上に並べ、客観的に眺めてみることです。自分のことを正直に話すことで、自分を客観的にみることができるからですね。大きい問題ならば、専門のカウンセラーのところに行って、テーブルに並べるように、自分がどんなことを感じているかを話すことがすごく大事ですね。

青木　大きな問題に関しては、猫ではなくて、専門の方と話す。わかりました。

鈴木　そして、中心軸から客観的にみるということ。視点を変え、思い込みを変える。人はしばしば、相手のことをこうでなきゃならないと思い込んでいる。でもそれは、絶対的なものではないんですよ。

亡くなってからも心の中での繋がりを大切にする。

青木　わたしは年上の友達が多いので、みんな長く生きてて欲しいなとよく思うんです。でもわたしも五十ですし、周りにいる大事な人たちが、これからいなくなっていくことがちょっと恐怖なんですけれども。先生は、お友達がいなくなるということを、どういうふうに受け止めてこられましたか？

鈴木　友達が亡くなると、やはり寂しいですよね。でも、亡くなってしまっても、その方とまた違う世界で繋がっていることを感じます。さやかさんも亡くなったお父さんやお母さんと繋がっている、見守られていると感じるときがありますでしょう？　そういう感覚を若いときから大事に育てていくことです。

青木　わたしの両親、つまり娘の祖父母も他界していますが、繋がっていると感じていて欲しいと強く思います。

鈴木　私はキリスト教の信仰で生きていますから、「あ、またこんな失敗しちゃった、でも神様、あなたは赦してくれているんですよね」と話せる神様との関係があることがすごく助けになりますね。自分はたった一人では全くの無力だ、こんなへマで寂しい、もう人生終わりだと思ったときでも、神様が傍にいて決して離れることなく、見守り、赦してくれている。そして力を与え、愛し抜いて、守ってくれているんだと。そこからまた立ち上がるんです。亡くなった方との友情というのも、そういうものじゃないでしょうか？

青木　ありがとうございます。秀子先生、年を重ねられてからできた友人って、若い頃にできた友人と比べて違いがあるものですか？

鈴木　年をとってからの友人もとてもいいですよ。五十歳くらいを過ぎると、いかに自分と相手が違うかがだんだんわかってきます。あの人のそういう生き方も面白いなとか。自分との違いを気軽に話し合えるから、違いと違いがぶつかって、喧嘩するのではなくて、新しいインスピレーションが生まれる関係を築きやすいですね。話していると「どういうふうに乗り越えるの？」とか「よくそんな辛いこと我慢できるね」とか、「そのときは黙っていつも通りに過ごすの？」とか思いながら話しますね。簡単な日常の知恵を話したりすると、その人の豊かさや、面白さを感じます。自分と全く違う経験を聞けるわけですから。そういう話を楽しんで、自分と人と同じでないとダメという思い込みを五十代で捨てておかないと。違いこそ、お互いを豊かにするもの。二十代くらいでは、まだ難しいですね。

青木　自分の二十代を思い返すと、友人と同じ服を着て同じブランド物をもつのが好きでした。同じ嗜好《しこう》、同じ思想の人を求めていたんだと思います。

鈴木　そうやって集まって、人のいいところと自分の悪いところを比較して。ですから若いときから自分を責めないような習慣・訓練をしておく必要がありますね。友人というのは、自分を育ててくれる教師でもあります。

青木　人付き合いのなかで「この人のこういうところ苦手だな」とか「こういうことがあると自分が傷つくな」あるいは「嬉しいな」ということから自分を知ることがありますよね。お友達と喧嘩したときは、どうやって仲直りをしていらっしゃいますか？

鈴木　しばらく冷静になって、自分は相手の何が気に入らなかったのかよく考えてみる。すると自分の傾向と思い込みがわかってきます。そうして自分が心穏やかになると、知らないうちに相手も良い態度をとるようになります。

青木　そうなったら、ごめんなさいと言えばいいのでしょうか。

鈴木　はい。自分が悪かった場合は、はっきりと心から謝る。そして、次に同じような場面が起こったら、自分を責めるのではなく、この経験を生かしてどういうふうに振るまうか考える。こっちが色々と気にして、次に会ったときに「この間は……」なんて話し出しても、相手はさほど気にしていないものですよ。

青木　自分を責めなくて良いんですね。

機嫌よくいるというのは、心穏やかであるということ。

青木　秀子先生に言っていただいて気づいたのですが、わたしは自分を責めやすいところがあるんですよね。これって結局、何かに非があったからだと思いたいからだと思うんです。例えば、仕事で収録がうまくいかなかったとき「わたしがタイミング間違えたかな」とすぐ思いますし、彼氏がわがままなことを言うと「わたしがそうさせたかな」と思います。会議で自分と関係のない問題について話しているときも「わたしかもしれません」と言ってしまいます。自意識過剰で被害者意識も強い。それが、わたしが二十年くらい前、男性芸能人に向かって胸元を押さえながら叫んでいた「どこ見てんのよ！」という芸の元であるんですが、五十代からは抜け出したい性格でもあるんです。

鈴木　いつも自分を責めていると、不機嫌になり、人間関係がうまくいかなくなります。反対に、自分を責めることなく、いつも機嫌よくしている人は、何事もうまくいっているものです。

青木　機嫌よくしているというのは、例えば辛いことがあっても、頑張って機嫌よくしているということですよね？

鈴木　頑張らなくて良いのです。怒ってはいけない、イライラしてはいけない、泣いてはいけないなどと思うと、それがまた不機嫌の芽になっていきます。だから、怒りたいときがあれば怒っていいのです。

青木　そうなんですか？　それは驚きます。

鈴木　機嫌というものが大切であると知ったのは、私が若かった頃、初めてフランスに渡り、マルセイユにある修道院に行ったときのことでした。到着したのは六月のよく晴れた日で、修道院がある丘の上にはきれいな空気が立ち込め、青い空と青い海が広がっていました。しかし、フランス語があまりできなかった私は、コチコチに緊張していたのです。そこに修道院の院長さんが見えて「フランスという国の文化の根底をなすのは、機嫌よくいるということですよ」とおっしゃったのです。それはとても印象的で、私の緊張を解き、心に響きました。

青木　機嫌というものがそんなに大事なものとは思っていませんでした。機嫌がよい方って、一緒にいると、どんなふうなんでしょうか?

鈴木　機嫌がよいというのは、明るく元気とか、楽しい話をずっとしているとかいうことではないのです。フランスでの日々を通し、院長さんがおっしゃったことがよくわかりました。それは、人に気を遣い過ぎたり、無理に笑ったりせず、自然体の心穏やかな自分でいること。それが、機嫌よくいるということなのだと気づかされたのです。

青木　機嫌がよいとは自然体……イメージがガラリと変わりました。

鈴木　院長さんの言葉で、私は見栄を張ることもなく、機嫌よくそのままの自分でいることができました。そして、周りの人も自然体で私に接してくださった。機嫌さえよければ、「相手のことを理解しよう」なんて、無理に頑張って考えなくても人間関係がうまくいきます。あなたが心から喜んでいるとか、相手に「一緒にいると楽しい」と言うとか、そういうことでいいんです。子どもは機嫌よくしてるお母さんが大好きじゃありませんか。学校から帰ってきて「早く帰ってこられて良かったね」とか「元気でいいわね」とか言いながら、機嫌よくさえしていれば、何かしてくれていなくたって子どもは一番嬉しくなりますよね。

青木 わたしが中学生くらいのときから、両親の関係が悪くなったんですが、その当時の母は、いつも不機嫌でした。今思えば、わたしはそれが嫌だったんだなと思いましたし、わたしも母に対していつも不機嫌でした。無理もないことだったなとも思います。

鈴木 不機嫌は不機嫌を招きますから。

青木 母のいるホスピスに通っていたときに、毎回自分にミッションを課していたんです。「今日は謝ろう」とか「今日は手を握ろう」とか。仕事でも舞台稽古をして発表するというのをやっていましたから、そういうことはまだできたんですが、最終的に一番難しかったのは、良い空気感の中で他愛もない話をすることだったなと思います。

鈴木 あなたはとてもよくやり遂げましたね。

青木　もっとちゃんとやらなければと自分に言う、これが不機嫌の芽になってしまうんですね。

鈴木　自分でも自分に「よくやったね」と話しかけて、大事にしてあげてくださいね。人に話すこともももちろん大事ですが、自分に話すというのも機嫌よく生きていくのに大事ですよ。

ポジティブな感情を摑まえて、機嫌のよい人になる。

青木　一緒にいる相手から心地よいと思ってもらえるような、機嫌のよい人になるには、どうしたらいいのでしょうか?

鈴木　先程お話しした「感情を摑まえる練習」をたくさんするといいですよ。そのときに、なるべく心地よい、嬉しい感情を摑まえてみることが大事です。あなたは、どんなときが気持ちがよいですか?　一つでいいので挙げてみてください。

青木　わたしの場合は、家の掃除をし終えたときです。それから、仕事が終わって、片付いた家に帰ってくることができたときです。

鈴木　その気持ちを、日々意識的にもっと摑まえるようにしてください。すると、他のタイミングでも、そういう気持ちになれる瞬間が結構たくさんあることに気がつくんですよ。「あぁ、今気持ちがよいな」と意識する瞬間が増えると、人は少しずつ機嫌がよい人になっていきます。

青木　平均値が上がるようなイメージでしょうか？

鈴木　その通り。この図（次ページ）をみてください。これは人間の感情の波です。嬉しい・楽しいときは上がり、悲しい・辛いときは下がります。波の形・高さは人それぞれ違いますが、どんな人でも、元気なときに上がった線は、必ず時間とともに落ちてきます。でも平均していくと、だいたいこれくらいという線がある。嬉しい、楽しい感情を摑まえる練習をするとこの平均が少しずつ上がってくるのです。ぼーっとしているときの真っ直ぐに見える線も少しずつは波立っています。これがだいたい上の方で落ち着いてくる。これが機嫌よくいる人の線です。

青木　イメージが湧きました。この線を少しずつ上げていけばいいんですね。

人間の感情の波

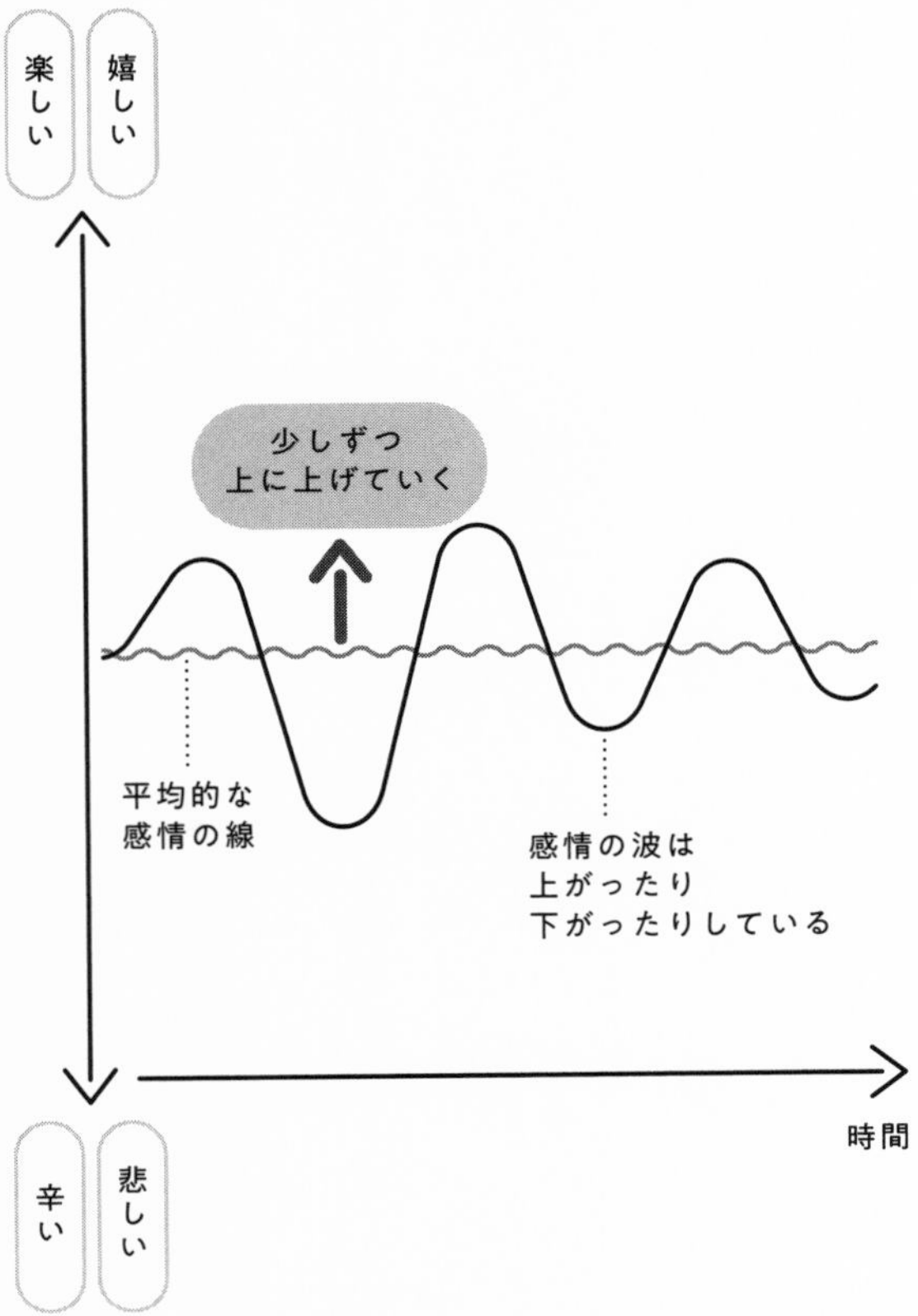

CHAPTER

3

自分と仲良く生きるには

自分で自分の親になり、自分を認め大切にする。

青木　「自分を大切にしましょう」ってよく聞きますけれど、具体的にはどういうことをすれば良いんでしょうか？

鈴木　自分を大切にする——。それは最も大切なことですね。この大切なことを始めるには、まず小さいことからです。人間は体と心と頭を使って生きています。ずっと座ってお仕事をし続けていて、立った方が良いかなと思ったなら、それは体がそう言っているので、体の声に正直に、立ってお散歩に行くとかですね。

青木　自分の体の声を聞いてあげるんですね。心と頭も同じですか？

鈴木　同じです。怒りが湧いてきたなと思ったら、「何かが自分の心の中で満足していないのね」と思う。一つのことばかり考えていたら、「頭を少し休めましょうね」と言ってあげる。あらゆる感情の中でも怒りが一番強く感じますからね。

そういう自分の中に起こってくる色んな情報を、細やかにみてあげることです。

青木　体、心、頭を細やかにみるんですね。

鈴木　子どもの具合が悪いと、親は「この子、風邪ひいたんじゃないかな」と心配して、綿密にみますね。そういうふうに、自分で自分のことを温かくみてあげることですね。

青木　自分で自分のことを、親のように、ですね。

鈴木　以前、ある親子の姿に、私はとても感銘を受けたことがあります。九十歳を過ぎた女性が、臨終のとき、「苦しい、苦しい」と息子さんに言ったら、息子さんは「母さん、苦しいか、苦しいか」と、お母さんの言葉をそのまま繰り返すように言ったんですね。その場に立ち会っていた私は、息子さんに「『苦しいか』ではなく、『苦しいよね』と言ってごらんなさい」と言いました。そしたらお母さんが再び「苦しい、苦しい」と言ったので、息子さんは「母さん、苦しいよね、苦しいよね」と繰り返しました。すると、お母さんはだんだん静かになって、とっても穏やかになっていきました。人と話しているとき、その人が辛いことを言ったら「あなたは辛い気持ちでいるのね」とか、「大変なことになって、重い心を引きずっているのね」と、その人の気持ちを察して「〜のね」と言う。相手が「うん」「そう」と言う。この穏やかな関係を自分との間に築くのです。

青木　はい。やってみます。楽になれそうです。

鈴木　だから五十歳というのは、自分で自分の小さい態度とか言葉に、目を向けて注意をしていくときじゃないでしょうか。

青木　自分を大切にするって、二十代、三十代はほとんどできていなかったことです。

鈴木　さやかさんは二十代から何かに成功しようと目標をもって仕事に力を注いできた。そういう意味で成功したんですから、今度は自分を労ってあげていいんですよ。「二十代の頃あんなにがむしゃらにやって、よく頑張ったから、今度は面倒みてあげるね」と。

青木　そうすると、だいぶ自分との付き合い方が変わってきますね。

鈴木　そのときは、いつもあなたが自分の子どもをみているように自分をみるんですよ。自分で自分という子どもの親になること。自分のご両親のように自分がなる、ではないですよ。

青木　全然違いますよね。わたしはよく、もし親が生きていて自分の横にいたら、自分にどういう言葉を掛けてくるだろうかということの想像をしてしまうのですけれど、そうするとやっぱり厳しい言葉ばかりが浮かんでくるんですよ。

鈴木　それはお母さんの厳しい面を強く感じているからですね。だから、あなたが自分のお子さんに向かい合うように、自分で自分をみるのです。

青木　だいぶ自分への声掛けは変わってきますね。優しくなります。自分に。

鈴木　最後は「忙しかったんだから仕方ないよ」「友達と喧嘩した後だもんね」「片付かないの当たり前よ」「でもよくやったよね」とポジティブな言葉にする。きっともっと楽になりますよ。

自分で自分を認めることで力を発揮できる。

青木　中心軸をしっかりもたないままだと、この先の人生、どうなりますか？

鈴木　中心軸がないと、例えば誰かが自分のことを好きだと言ってくれたら、すぐに舞い上がってしまったり、反対にちょっと自分の悪い部分を指摘されただけで、ぐったり落ち込んでしまったり。結局、ヘトヘトになってしまうんです。

青木　人が「こっちだ！」と言ったら、自分も「こっちだ！」となってしまうんですね。

鈴木　例えば中心軸がないのに、パソコンを開いて誰かが書いた自分への批判なんか読んだら、ショックで立ち直れなくなります。

青木　逆に言えば、中心軸さえあれば何が起きても安定していられるということですね。

鈴木　人はみんな違います。中心軸をもって、「あの人はこういう形で鬱憤《うっぷん》払いしているんだ」と思えば良いじゃありませんか。人はこう言っているんだ、言うのは当たり前だろう、私には関係ないと。その中で、「あ、これは良いヒントになるな」と気持ちよく受け入れられるものがあれば、それは活かせば良いのではありませんか。

青木　そうですね。中心軸があれば、冷静に分析もできるということですよね。

鈴木　先程言ったように、自分で自分の親になり、自分をしっかり認めてあげること。それが中心軸を鍛えるということです。人間は認められること、褒められること、頼りにされること、よく評価されること愛されることがどうしても大事だから、自分でそれをやってみたら良いのではないでしょうか。

青木　自分で自分に、ですね。もし、誰かに評価してもらったり褒めたりしてもらえるとしても、自分でやる方がいいのでしょうか？

鈴木　誰かがやると、その人の視点が入ってしまいますからね。だから、人から「自分に正直でいいですね」と褒められて、自分でもそう思ったら、「あ、自分にこんなに正直になれて良かったね」とか、自分でも自分に言ってあげたらいいんです。

青木　自分を褒められる人になることですね。

鈴木　それが中心軸のある人です。私の友人で、どんなことでも良いことと感じる人。嫌なことなんて無いって人いるんですが、その人と一緒にいると面白いんです。そんなところはさーっとすっ飛ばしていいところだけ待つ。いるんですよ、そういう人。

青木　そんな方が。その方にも苦しいことはあるんでしょうか？

鈴木　もちろんあるんですよ。でも苦しいことにはほとんど目を向けず、すっ飛ばすことができるんですね。だから周りからは能天気とか言われやすいんですよ。ご本人は、そう言われることさえもあまり気にしていないですね。

青木　生きるのが楽そうで羨ましいです。

鈴木　楽だけど、「自分は人から心配されてないじゃないか」ということは、人よりも感じることはあるかもしれません。

青木　そうかもしれませんよね。

鈴木　人は皆それぞれ、苦しいことがある。でも苦しいことの中から、いいものを見つけ出すことです。「これは意味があって起きていることだ。今、自分を育ててくれて助けてくれる」と思うことですね。

お金の不安は具体的に。

青木　お金にまつわる不安についても秀子先生にお聞きしたいのですが。

鈴木　お金のことですか。どんな不安があるのですか？

青木　わたしはお金との付き合い方が昔から上手じゃないんです。仕事で成功するとお金がたくさん入りますよね。昔、お金がたくさん入った時期がありまして、お金というものは、もてばもつほど欲が出てくるというのも身をもって経験しています。お金をたくさんもつ怖さがある一方で、お金がもっと入ってこないとまずいなという不安というのもあるんですね。

鈴木　どのくらいのお金があれば、不安でなくなると思いますか？

青木　自分と娘が生活するのに困らなくて、ちょっとだけゆとりがある。例えば、時々旅行に行くことができて、生活に満足できるくらいの収入があるのがいいと思っています。

鈴木　さやかさんは、会社からお給料をいただいているのですか？

青木　はい。お給料は歩合制なので、少ないときと、多いときとがあるんです。

鈴木　いつでも働く場が与えられるかもわからないですものね。

青木　例えば舞台のお仕事が入ると、公演の前月はほぼお稽古で、1カ月間はほぼ収入がない状態になるんですね。体を壊せば収入ゼロになりますし。そういう仕事を自分で選んで生きているんですけれども、何年続けていても、やっぱりなかなか慣れない部分があります。

鈴木　そういった不安もありますよね。

青木　はい。この先、いつまで働けるのか。定年がない仕事ということもありますけれど、この先どれくらいお金が入ってくるのかな？　という不安がいつもいつもあります。その不安との折り合いの付け方が、なかなか難しいものだなって。

鈴木　あなたがさっき言っていた「自分が生活するのに困らなくて、ちょっとだけゆとりがあって満足できる」。それくらいのお金がある状態というのは、とてもいいですよね。

青木　一番いいですよね！

鈴木　でもそれが保証されていないから、不安が付きまといますね。

青木　そうなんです。それとは別の不安もありまして。過去の経験で「お金って人をおかしくするな」と思っていまして。というのも若い頃、お金がたくさんあった時期は「お金を貸して欲しい」と言って寄ってくる人がとてもたくさんいました。それで実際、色々な方にお金を貸しましたけど、貸したお金はほとんど返ってきませんでした。

鈴木　お金に寄ってくる人には絶対に貸してはいけないんですけど、さやかさんは親切だから。

青木　長年の知り合いに貸したお金が返ってこなくて、そこで人間関係が終わってしまうということもありました。

鈴木　ただ、その体験は学びになったということでしょう。

青木　大きな学びになりました。実はこの仕事をしていて一番怖いのは、「大金を手にしたらどうしよう」ということですね。「金持ち喧嘩せず」の精神にわたしがなれるのか（笑）。

鈴木　あっても不安。なくても不安。お金というのは難しいものです。

青木　わたし自身がお金とどういうふうに付き合っていくか。本当にお金って、難しいなと思うんですけれども。

鈴木　でも先程言っていたあなたのお金の基準ってとてもいいじゃないですか。生活するには困らない、ちょっと旅行するくらいのゆとりがある。だから、それが大体いくらくらいになるかを計算してみたら、いいんじゃないでしょうか。

青木　その計算は全くしていませんでした。

鈴木　やってみたら面白いかもしれませんよ。お子さんと一緒の場合、一人の場合の大体の額を出してみる。すごく収入があるときには、◯カ月分貯金する、というふうにノートに書いてみて、計画的にやってみたら面白いじゃないですか。

青木　ありがとうございます。ファイナンシャル・プランナー、鈴木秀子先生(笑)。

鈴木　余った分はお楽しみ袋を作って入れておいたらどうでしょう。実際にはお金に依存しないけれど、お金に対して不安があるというのなら、安心感を出せることをやってみたら良いですよ。

青木　あぁ、何と素敵なご提案。お楽しみ袋にお金を貯めて、半年に一度、一泊二日の一人旅に行きたいです。つい、子どもにいくら残せるだろうなんて考え込んでしまうのですが。

鈴木　最近は、子どもに残す分はゼロで死ぬというのが流行っていて、子どもにお金残そう残そうなんて思わないで、お金を使って幸せに生きていくのが子ども孝行という考え方もあります。子どもにお金を残そうというよりかは、子どもと一緒にいるときに使って、機嫌よく生きている記憶を残した方がずっといいと思います。

青木　お金って、いくらあったって不安ですからね。

鈴木　最低限のお金とそれにプラスしてちょっとしたゆとりがあればいいんですから。

青木　それとこれは友人に以前聞かれた質問なのですが、親に「子どもにはたくさんお金を残さなくてもいい」と思ってもらうためにはどうしたらいいですか？　親は親で、子どものために残したいと言うんですよ。

鈴木　先程言った通り、これはわたしも同じで、娘にいくら残せるだろうかとよく考えます。「1円もいらないから親に楽しく全部使い切って」と言っても「この分は娘に。この分は息子に」と思う方もいらっしゃるみたいで。

鈴木　「一緒に食事に行こうよ」とか「良いことがあったからお祝いして」と、一緒にいられるうちに一緒にお金を使ってもらえるようにするのがいいんじゃないでしょうか。「残してくれるより、お父さんお母さんと一緒のときにこういう楽しい時間がもてる方がとっても嬉しい」と気持ちを伝えてみる。「たくさん残してくれてもきょうだいと喧嘩するかもしれない。だから一緒のときにこうやって楽しい時間をもちましょうよ。それが嬉しいよ」と。
青木　事実・感情の順番に伝えるんですね。「わたしはこれが嬉しい」と。
鈴木　そう、事実を先に言ってから自分の気持ちを伝える。日本人はあまりしないですからね。
青木　親は心配だから残そうとしちゃいますけどね。

成功よりも成長することを大切にする。

青木　秀子先生が以前、ご講演で「人間の成功は約束されていないけれど、成長は約束されている」とおっしゃっていたのが、とても印象に残っています。
鈴木　人間がこの世に生きる使命は、死ぬまで成長していくことです。子どもは日ごとに成長していきますね。それは、いくつになったとしても同じことで、どんなに年をとった人でも成長し続けているのです。たとえ仕事できなくなろうが、頭が働かなくなろうが、辛い状況も受け入れながら生き続けていくことで、一人の人間として成長し続け、経験豊かになる。死ぬときには、神様の目からみれば、その人らしく立派に成長して人生を終わるんです。

青木　成功と成長は何が違うのですか？

鈴木　成功は、人間の目からみた社会的な基準です。

青木　それでは成長は？

鈴木　人間の内面の成功。それが成長というものです。

青木　よくわかりました。でも、死ぬまで成長ってできるんでしょうか？

鈴木　どんなに豊かに暮らしていた人でも、晩年に認知症になり、傍《はた》からみたらおかしな振る舞いをすることがあるかもしれない。けれど、どんなこともその人が一人の人間として成長し、円熟していくために起きている。いいことも悪いことも全部受け入れて生きていくことが必要です。それを晩年になってしているのです。

青木　認知症になられた方をみていると気の毒だ、と思いがちですが、そうではない、それも成長であると。

鈴木　私の知り合いに有名なお医者さんがいました。その先生は、大きな病院で働いていて、自分の科と小児科ももっていたのですが、そこで一人息子を病気で亡くしました。息子を亡くしたあと、先生の科の患者さんたちはその先生のことを「あの先生は単なるお医者さんじゃなくて、体だけでなく心を含めて人間全てを診《み》てくれるお医者さんになった」と言ったんですね。一人息子が亡くなるというのは、すごく辛いことだったけれど、そのお医者さんは辛さを通して、外目には、はっきりとはわからない部分で人間として成長をしたんじゃないでしょうか。起こってくること全てに意味があるというのはそういうことです。

青木　聞いていると辛過ぎるお話ですが、そうですね。成長か成功、どっちが大切かというのは、成長だともちろん思います。ただ、このお医者さんもそうだと思いますが、気持ちが辛いうちはそれが成長だとは自分で気づくことができないですよね。

鈴木　あなたが言う通りで、成長というのは神様の目にしかわからない、人間には計り知れないものなのです。成功は目にみえる社会的なものです。成長することによって、人間としての円熟度が、その人らしく深まっていく。人は一人一人、この世に生まれてくるときから、みんな違います。その違いを活かして、その人らしさを伸ばしきって死んでいく、だから成長するということは、最後の最後まで、その人の使命としてあること。自殺という行為は、その人間の使命である成長を断ち切ることになる。だからしてはいけないんですね。

青木　ということは、人は生きている限り、成長するために努力をし続けなくてはいけないんですか?

鈴木　私たちは常日頃、色んなことに直面しているだけで知らないうちに成長しているんですよ。だから努力をし続けるというよりは、日常の中で出来事に直面し、その現実を受け入れ、現実の中でどう生きるのが一番いいのかと考えたりすることが、もう成長に繋がっていくわけです。ですから、わざわざ努力しようとしなくても良いのです。

青木　わたしの癖ですね。つい、何かしなくてはならないという発想になります。

鈴木　成長を目的にする必要はありません。人は結果として、最期の瞬間まで、大きく成長しているんです。

青木　生きている限り、成長しているんですね。

鈴木　あなたのお母さんだって、若い頃は厳しいことをたくさん言ったかもしれない。でも最期はホスピスで穏やかに、娘が傍にいることにただ身を委ね、一緒にいることができた。成功へ向かうことも、何事もない世界で、二人で静かで穏やかな人間らしい時間を過ごし、その中でどれだけ成長されたことでしょう。お母様は、学校の先生をされて、校長先生にまでなられて、仕事を頑張り続けた人生だと思うんですよ。最期のときに温かさを体験できて、人間としてものすごく円熟されたのではないでしょうか。

青木　先生にそう言っていただけると、救われます。

鈴木　成長というのは、努力しても自分の内面のことだからわからない。起こってくることがどんなに辛いことでも、「これは嫌だと思うけれど、この出来事は何か自分にとって意味がある」と受け止めていれば、それが何年か経ってわかるわけですよね。例えば、あのとき病気をしたゆえに誰かの病気を理解できるようになったというようにね。

青木　それはわたしも経験しましたので、わかる気がします。病気は、多くを教えてくれて生き直すきっかけをくれました。

鈴木　人間には、目に見える行為（DOING《ドゥーイング》）の世界と、内面（BEING《ビーイング》）の世界があります。ビーイングの世界が豊かになるのが成長で、ドゥーイングの世界がうまくいくのが成功です。どちらかが豊かでも、もう一方は惨めかもしれない。けれども、その逆になることもありますからね。人間にとっては、ビーイングの世界が本物であり、中心軸となるものです。ドゥーイングの世界はみんなそれぞれ違いますから、ビーイングの世界を大事にすることです。

青木　うわ、すごく良さそうなお話。もう一度言ってください。いえ、やはり大丈夫です。本になったら繰り返し読みますので（笑）。

CHAPTER

4

視点を変えれば 人生は変わる

「気づきは癒やし」。感情を押さえ込まない。

青木　わたし、二十年くらい前に、芸人として「どこ見てんのよ！」というギャグを引っ提げテレビに出まして、おかげ様で当時、仕事では成功したんです。ですが、お話しした通り、安心感は得られなかったです。それに自信をもつことにも繋がりませんでした。仕事で評価を受けているときほど、家族関係も大事にできていませんでした。一番の幸せは、仕事で成功することではない、という過去の経験があるにもかかわらず、やっぱり仕事している以上は成功したいという自分もいます。

鈴木　それはもちろん人間だから。マザー・テレサであってもきっと同じです。

青木　自分と人を比べて、成功しているように見える人をいいなと思うこともあります。本当に邪魔な感情だなとよく思うんですけれども。

鈴木　それはありますけれどもね。やはり裏を返せば、どんな人でも外目に見える素晴らしさと同じだけの大きさの苦しみを伴っているんですね。人間は半分半分ですから。

青木　人を羨ましいと思ったり、成功したいと思ったりする気持ち、秀子先生は年を重ねられるうちに無くなっていかれましたか？

鈴木　年を重ねれば、だんだん人は人、自分は自分と思うようになりますからね。人にできることでも自分にできっこないことがあるとわかっていますから、全然気にならなくなります。年齢を重ねることの恵みというのは、そういうことだと思いますね。

青木　中学生のときカール・ルイスになれないということはわかりました（笑）。

鈴木　若い頃は体面を気にしたり、人のいいところと自分の悪いところを比べて悩んだりしますけれども、少しずつ年を重ねてくれば、生き方も人それぞれ。死ぬときがいつくるのかもみんな違うんだってわかるようになり、羨ましくなんかなくなってくるものですよ。自分も自分以外の人も、その人がその人らしく、その人のいいところを発揮して生きてくれるというのが一番いいと思うようになります。たとえカール・ルイスになれなくてもですよ（笑）。

青木　若い頃は、自分がどうみられるかというのをすごく気にしていました。

鈴木　本当はそんなこと、人間の幸不幸に関係ないんですけれどね。

青木　年を重ねると、どんどん楽になっていくってことですね。そういう意味においては、これからの人生が本当に楽しみです。

鈴木　年を重ねるほど、どんどん関係なくなってきます。人からどうみられているか気になったときは、そういう感情を無理やり抑え込もうとするのではなく、「あぁ、今私、気になっているんだな」と気づいていればいいのです。

青木　自分の感情に気づくことができればいいんですね。

鈴木　「気づきは癒やし」という言葉があります。「私はまたそんなことが気になっているのね」と思うことができれば、それが癒やしになります。

青木　「気づきは癒やし」ですね。辛いときに思い出したい言葉です。

辛いことはノートに書いてやり過ごす。

青木　これは一般的な話ではないかもしれませんけれども、わたしみたいなタレントの仕事というのは、自分自身が人間でありながら、商品でもあります。

鈴木　売れないと大変ですしね。

青木　そうなんです。ですから、自分は商品なんだということを頭ではわかっているんですけれども、その事実を直視するのがなかなか辛いときがありまして。例えば、自分の商品価値が下がっているんじゃないかとか、上がっているとか、その商品を消費者の方々がどう思っているのかということが、ものすごく気になって日々考えたり感じたりするわけです。

鈴木　それは有名人でいることの辛さですね。

青木　この辛さは、中心軸さえあれば、あんまり考えなくても良くなるのでしょうか。

鈴木　中心軸をしっかりもっていても「人をまるで商品みたいに扱って」とは思うかもしれないですね。けれども自分は自分だと思うこと。神様は、その愛から自分のことをこうして生かしてくれる。「自分は尊い存在なんだ」と繰り返し自分に教えてあげると良いですね。すると「そう感じるのは当たり前よね。でも自分はそこから離れましょう」と自分と相談できるようになりますから。だからまず、「辛さを感じるのは当たり前よね」と、自分に言い聞かせてよくわかってあげてください。繰り返しになりますけど、自分の中に子どもがいるんだと思って。

青木　はい。

鈴木　自分の中には、大人も子どももいる。お母さんみたいに叱ったり、お説教したり、反発したり。その子どもがイライラしているときには、自分が優しい親になって「そう感じるのは当たり前よね。人間なのに商品みたいに扱って」と言ってあげる。「でもそれはこの仕事のやり方だから」「それはちょっと外においておきましょう。楽しいことをしましょう」と自分と相談してみるのも面白いじゃありませんか。

青木　やっぱり、仕事で人からぞんざいな扱いをされていると感じるときは、本当に辛く、悔しいですね。わたしも昔、そういうことをしていたのかもしれませんが。

鈴木　雑な扱いをされたと感じると、本当に辛いですよね。でも、もしかすると、あなたがその人を羨ましく思っているからじゃないですか。

青木　え、羨ましいからですか？

鈴木　その人は、自分の手の届かないようなところにいると思っている。辛いと感じた原因は自分の中にあるのかもしれません。

青木　言われてみれば、若くて仕事の中心にいる人から「青木さん、もう終わった人でしょ」みたいな感じでみられるような気がすることがあります。わたし、話していて気がつきました。それがすごく嫌なんですね。自分の中に溜まっているんだと思います。いやぁ、安心安全の秀子先生といると語り過ぎます（笑）。

鈴木　そういうことはノートや紙に書いてみるのもいいですよ。「今日あの人が言ってきたことがすごく気になった」とか気持ちをどんどん書いてみる。そしたら外に出て、早足で歩いたり、歌を歌ったりする。ちょっとでも成功したら、それも「イライラしたので、歩いて歌を歌った」と書いておいたらいいじゃないですか。あなたは文章を書くことが好きだから、そういうことをノートに書いておけば、一冊分くらい書けるかもしれませんよ。

青木 書いてみます。書くということは、わたしにとってすごく整理ができる行為なので。結局のところ、人から大事にして欲しいだけなんですよね。タレントとして有名だったときはちやほやされていましたけど、本心はちやほやされたいわけではなく、普通に、人として大事にされたいだけなんですよね。

鈴木 有名になることにも、マイナスの面がありますからね。

青木 そうなんです。それを頭ではわかっているんですけれどね。

鈴木 そういう理屈が自分でだんだんわかってきたら「ああまた引っかかっちゃった。でもしょうがないよね。これが人間だもの」と、話して書いてやり過ごす。自分の中に吸い込んで、溜めないこと。

青木 やり過ごすことが上手になるのもうまく年をとる秘訣でしょうか？

鈴木 もっとも、年をとるほどそれが上手になるんじゃないですか。

青木 あー、それは楽しみです。やり過ごすことができないで傷ついてきてますから。

鈴木 人にはそれぞれその人その人の限度がある。それに気づき、どう付き合っていくかということですね。

成長のコツは「視点を変える」と「自分を責めない」。

青木 相手の立場や肩書きで人を判断する人がいると、大きな嫌悪感を抱いてしまいます。人の肩書きをみて、突然態度を変える人がいるんですよ。

鈴木 自分はそういう人が嫌だと思うんだなと知っておくことができれば、いいんじゃないでしょうか。そういう人をみていて嫌だと思ったとしても切り捨てようとしなくていいんです。「自分も気づかないうちにやっているから、こんなにも激しく反応するのかも」と思っておく。

青木 確かにそうかもしれません。逆に社会的立場が変わっても、会ったときの態度が変わらない方がいると「あ、この人に出会えて良かった」と思えることもありますし。

鈴木 今、あなたがお話しされたように、嫌だと思う出来事でも視点を変えてみるというのが、成長へのコツですね。例えば、大きな病気になって、仕事を一年間休んだ方がいいとお医者さんに言われたとき、その一年間をロスと思うか、この一年間ゆっくり休んで人間関係、家族関係を見直すチャンスととるか。あるいは、休みがちな人が身近にいたとして、悪く思うのではなく、「あの人はすごく疲れていて、今どん底にいるのかもしれない。遠くから見守ってあげよう」と思うか。視点を変えて物事をみることで、人生は豊かになります。

青木 病気をした人がよく「病気になって良かった」って言いますよね。以前は「そう言うしかないんだろうな」と思って聞いていましたけど、わたしも自分が病気をしてから「病気が大きな転機になった」と思うようになったんですよね。病気にならなければ気づけなかったことにいっぱい気がつけましたし。

鈴木　どんなことに気づきましたか？

青木　自分のこれまでの生き方を反省しました。それから自分の生活、性格を見直しました。

鈴木　自分と向き合うことができたのですね。

青木　入院する前までは、人から言われると嫌だなと思うことや、人の批判に目を向けていたんですが、入院してからは、自分が過去にしてしまった良くなかったことを反省できた部分もありますし。

鈴木　そういうときは、「気づいてよかったね」って自分に言うと良いでしょうね。

青木　そうですか。それですね、責めない。五十代からは責めない。

鈴木　自分を責めないというのは、本当に大事ですから。神様は、あなたを決して責めていません。神様はいつもあなたをみていますが、あなたがいいことをしたから褒める、悪いことをしたから罰することは絶対しないのです。親の愛情は、神様の愛情の一滴の反映であり、無条件ですから。

青木　美しい言葉です。

鈴木　自分を責めない。あなたは特にね。責めやすいのは、努力主義だったお母さんの高いところを目指す考え方が根底にあるからで、そういう生き方が学べたのは恵みでしょう。それであなたはそういう生き方を受け継いでいるのかもしれません。だけどそれがいつまでも続くと疲れてしまいますね。全てのものに、いい悪いがあるから。自分を責めてしまうときは、視点を変えるというのがいいですね。

青木　わかりました。病気で入院していたとき、六人部屋にいたんですね。もう、そんなに命が長くない、わたしよりよほど重病の方がいてですね。その人がすごく周りの人に丁寧に、機嫌よく生きていたんです。その一方で、わたしより明らかにすぐに退院できそうな人が当たり散らしていらっしゃってですね。わたしは自分がガンになったことがすごく悲劇的なことだと思っていましたけど、わたしより明らかに辛い人がこんなふうに優しく人に接していて、すぐに退院できる人がこんな高圧的な態度でいるんだと思って。視点を変えてみたら入院したのも、そういう人間観察ができるいい経験だったなと思ったんです。

鈴木　それをみて経験しただけでも、良かったですよね。

青木　いいシーンをみさせてもらいました。

鈴木　病気になると人から与えられる優しさを、いつも以上に感じるでしょうし、それだけでなく、いかに人から良くしてもらいたいと思っているか、という自分の欲求も感じますしね。他に気づいたことはありましたか？

青木　女性は強いなとも感じました。

鈴木　そういう発見もいいですね。今度は、自分が自信をもって「これは自分の中のいいところだから」「それは私の力だからね」と認めておいてあげましょう。それをいい加減に逃してしまうと、大変なことが起きたときに、人に頼ろうとする。中心軸を作るというのは、自分のいいところをきちんと使えるようにすることでもあります。人はそれぞれ違うものですからね。

短所を短所と決めつけない。

青木　人の短所というのは無くならないものですか?

鈴木　無くすのは難しいですね。

青木　努力しても無くならないですか?

鈴木　死ぬまで無くならないこともありますね。

青木　困りましたね。

鈴木　でも、短所だと思うところを受け入れていけば、それを短所としてわざわざ表に出す必要がなくなります。短所の中にもいいところがいっぱいありますよ。例えば、あなたが自分の短所だと思うところはどんなところですか?

青木　そうですね。自分の大事なものを傷つけられたと思うと、すごく感情的になって怒ります。

鈴木　今、短所として言ったことは、大切なものを大事にしようとする心の表れです。短所は、そういうものが自分の中にあるということを教えてくれるわけじゃありませんか。ですから、それこそ視点を変えてみることです。短所を短所と決めつけないことです。

青木　履歴書にも短所を書き続けたことで、自分にも刷り込んでいったような。

鈴木　短所の中には、自分を生かしてくれることがいっぱいあるんですよ。あ、こういうところが自分は嫌だなと思うけど、それはなぜ起こったのか。自分をどういうふうに生かしてくれているのか。視点を変えて探してみることです。

青木　視点を変える、ですね。履歴書は、忘れます。

鈴木　私のよく知っている人で、人の気持ちなんてほとんど考えないで行動する、やたらによく怒る人がいるんですよ。例えば、近所の通りに車がずっと停まっていたとき「すごく邪魔だった」と怒っているわけですね。周りは「車が停まっているくらいよくあることよ」と言ったんですけれどね。「正義が許さない、ちゃんと警察に言うべきだ」と言って、すぐに電話をするのです。でもその方の、人からなんて思われようが動じない潔さは、いつか役に立つときがくるんですよ。「これ言ったらあの人が傷つくんじゃないか、本当は言いたいけど」と私たちが言わないことをその人はズバズバ言えるんですよね。だから私たちは、その人からそれぞれ学ぶことができる。

青木　確かにそういう人、重要ですよね。傷つきますけど、あ。そうだなって。

鈴木　そういうときにね、ああいう強さを、今度は自分が優しく表現できないかって思うわけです。

青木　相手の良さを自分の中で育てるということですね。

若い頃の辛いできごとも、自分の糧になる。

鈴木　四年前にお母さんが亡くなられてから、何か気持ちの変化はありましたか?

青木　母を嫌っていた頃は、まだ若かったこともあって、すごくエネルギーがあったと思います。その「キライだ！　見返してやる」という感情をエネルギーに仕事をし、テレビに出ていたと思うんですけれども、四十代に自分がガンになったこともあって、怒りのエネルギーみたいなものは、徐々に萎《しぼ》んでいったんです。

鈴木　そうでしたか。

青木　母が亡くなる前に、毎週母のいるホスピスに通って、時間を共にしたんですね。母とは特に会話をしたというより、同じ時間を共有した、ということがすごく大きかったですね。

鈴木　言葉じゃない何かで、お母さんとわかり合えたんですね。

青木　そうかもしれません。わたしは、母はわたしよりも弟のことが好きなんだとずっと思って生きていましたけど、ホスピスに通ううちに「あれ、どうやらわたしのことも好きらしい」と感じることがありました。母から何か言われたわけじゃないですけど。それで心の溝が埋まっていったことが大きかったですかね。

鈴木　同じ時間を共有して、お母さんの気持ちがわかったんですね。

青木　はい。「あぁこの人、すごくわたしのこと大事なんだ」って、ホスピスに通っていたときに生まれて初めて思えたんです。貴重な時間でした。

鈴木　お母さんに反発することによって、あなたは、お母さんが望んだのとは違う人として成功したんじゃありませんか。だからお母さんが良かれと思って言ってくれたことは、その通りにはしなかったけれど、そのエネルギーをもらって自分の道を開いた。お母さんがいつも褒めてばかりいたらどうなってたと思いますか。お笑い芸人にはならなかったでしょう?

青木　それは、ならない道があるなら、それはそれで良かった気もしますけれども（笑）。でもそうですね。母への反発があって、今の自分があるのは確かだと思います。その経験をこうやってお話しすることでも、また何かが変わっていく気がします。

鈴木　だから人生で起こる悪いことの中にも、その人を成長させるいい要素がいっぱいある。そのときは見えない、わからないけれど、何年か経ったときに「あのときの嫌なことがあったからこそ」となるんですよ。でも人間って、残念なことにそのときわからないものですからね。

青木　だから、今は母にとても感謝しています。大きく一言で言うと、やはり「感謝」です。

鈴木　良かったですね。

青木　その問題に関しては、すごく良かったと思っています。あの時間はわたしにとっては重要でしたし、「五十年の人生の中で、一番思い出深い時間はどこですか？」と言われたら、その時間を挙げると思います。日記の一ページめに書くものだと思っています。

鈴木　それはすごくいい体験でしたね。褒められるときや、物をもらったりするときよりも、ただ愛しているということ。お互いが一緒にいて、何をあげたり、褒め合ったりするでもなく、安心してお互いを受け入れ合うこと。欠点や、もうこれから死んでいく弱さを曝け出して、お母さんを自分が受け入れ、自分もお母さんに受け入れられて、一緒にいてくれて嬉しいと感じて。お母さんには、自分もこんなに弱い頼りない姿になったけれど、子どもと一緒にいるのが嬉しいという感覚があったのではないでしょうか。

青木　わたしは三十年くらい母を嫌って生きていました。ですが、最期の数カ月は先生のおっしゃることを感じる瞬間が、確かにありました。

鈴木　燃え上がる恋愛のような、熱い人間関係が素敵だと思うかもしれませんけれども、一番いい人間関係というのは、今ここにいるのが安心で、お互いが話すことによって、あぁそうかと自分の中にだんだんと深まっていくというか閃《ひらめ》きが入ってくる、そういう関係こそ素晴らしいものです。

青木　今、秀子先生にわたしの気持ちを言語化していただいたと思います。よくインタビューで、母とホスピスにいたときについて、「どういう話をしたのが一番印象的でしたか?」と聞かれるんですけれども、何か特別なことがあったわけではなく、本当にその空気感だけだったんですよね。感覚的なこと過ぎて、うまく説明できないんですけれども。

鈴木　私の親しい方がこんな話をしていました。その方のお母さんが最期に近くなったとき、色々なことがわからなくなり、お見舞いに来た娘のことを看護師さんだと思ってしまって、丁寧な言葉を使って話し掛けてきたそうです。「よく来てくださいました」「ありがとうございます」とか。話している途中で「あぁ、なんだ、うちの娘じゃないか」とわかると途端に態度が変わり、安心してなんの防備もない、普段のお母さんに戻る。その方は、そんな自分のお母さんの姿を見て、「こういうお母さん大好き！」と思ったそうです。しみじみ、静かな一体感みたいなものを感じたと言っていました。

青木　そうですね。最後に先生がおっしゃった「しみじみ」という言葉があったのかもしれません。今までしみじみという言葉を使ったこともなければ感じたこともなかったかもしれませんが。

鈴木　あなたも、頑張っていましたからね。

青木　そうですね、たぶんそうだったんだと思います。しみじみってなかなかいいものだなと思います。地味ですけれど。

鈴木　だから、色んなことをヒントにしながら、小さいところで五十代から訓練していけば、実際にそういう場になったときにできるようになってるのではないですか。

青木　はい、訓練していきたいです。

鈴木　自己肯定感のお話をしていたとき、自分で自分を褒めて変わるのに三年かかったって言ったじゃありませんか。そういうふうに三年、自分に言い聞かせてもすぐ「効果がでた！」ってなるわけじゃないですよ。でも自分の中で何かが変わって、大人になっているという自信に繋がっていくものですよね。だからそういうふうに五十歳からの人生の、円熟した年代を生きる上で心がけることのヒントを学んで、小さいことを続けていくことが出発点になるのではないでしょうか。

青木　本当にそう思います。先生、たくさんお話しさせていただき、教えていただきありがとうございました。

おわりに——読者の皆さんへ

聖心会シスター　鈴木秀子

これから先の人生を歩み進んでいくために必要なのは、自分の心を見つめることです。その助けとなるのが、良き相手を見つけて、率直に話すことです。しかし、安心して自分のことを話せる相手というのは、なかなか見つからない貴重な存在でしょう。

友達に話す。自分に話す。ペットに話す。カウンセラーに話す。神様に話す。本書でお話しした通り、一言で「話す」と言っても、様々なやり方があります。

青木さんは、ご自身のお母様との間にあったことを中心に、ご自身や同世代の方が抱えている色々な問題を飾ることなく提示してくれました。自分の抱える問題を一つずつ丁寧にみつめてみると、客観的に自分を捉え直すことができ、今、自分に与えられている困難な課題が、かえって、どういうふうに自分を助けてくれているかということもだんだんと見えてくるものです。

自分が自分についてもっと話せるようになると、今後は相手の相談を聞くことができる人になります。

本書を読んでくださった皆さんが、自分の抱えている問題を話し、少しずつ良い方向に向かうことができたら、今度はぜひ、周りにいる人の悩みを共感をもって聞くということをやってみてください。

聞くということは、人生を豊かにし、自分を幸せに導いてくれることなのです。お互いが安心安全の場になることができれば、世の中にあるたくさんの悩みや苦しみは少しずつ減っていくことでしょう。

日本ではまだ、悩みを人に相談することや、カウンセリングを受けることに抵抗を感じる方が多くいます。このような社会の中で、「話す」「聞く」というその両方を通して、皆さんがお互いに助け合って幸せを見つけていくことができたなら、大変嬉しく思います。

著者紹介

鈴木秀子
すずき・ひでこ

1932年生まれ。聖心会シスター、文学博士。東京大学大学院人文科学研究科博士課程修了。フランス、イタリアに留学。ハワイ大学、スタンフォード大学で教鞭をとる。聖心女子大学文学部教授（日本近代文学）を経て、国際コミュニオン学会名誉会長。長年にわたり、執筆・講演活動を行い、多くの相談を受けてきた。聖心女子大学キリスト教文化研究所研究員・聖心会会員。

『９つの性格 エニアグラムで見つかる「本当の自分」と最良の人間関係』、『人はいつか死ぬのだから』（共にPHP研究所）、『機嫌よくいれば、だいたいのことはうまくいく。』（かんき出版）など多数の著書がある。

青木さやか
あおき・さやか

1973年生まれ。タレント、俳優、エッセイスト。名古屋学院大学外国語学部卒業。名古屋でフリーアナウンサーとして活動後、上京しタレント・お笑い芸人になる。「どこ見てんのよ！」のネタがブレイクし、バラエティ番組で活躍。2007年に結婚、2012年に離婚。2017年と2019年に肺腺ガン手術を受けた。

実母との確執と自身の半生を綴った『母』（中央公論新社）、『厄介なオンナ』（大和書房）、『母が嫌いだったわたしが母になった』（KADOKAWA）、『50歳。はじまりの音しか聞こえない』（世界文化社）などの著書がある。

話せば、うまくいく。

50代からの人生を機嫌よく生きるヒント

2023年12月30日 初版発行

著　　者　鈴木秀子　青木さやか
発 行 者　花野井道郎
発 行 所　株式会社時事通信出版局
発　　売　株式会社時事通信社
〒104-8178 東京都中央区銀座5-15-8
電話03(5565)2155
https://bookpub.jiji.com
編集担当　井上瑶子
印刷・製本　日経印刷株式会社

ISBN978-4-7887-1892-0　C0095　Printed in Japan
落丁・乱丁はお取り替えいたします。
定価はカバーに表示してあります。

STAFF

制作協力
ワタナベエンターテインメント

装丁・本文デザイン・DTP
FUKI DESIGN WORKS

カバー・表紙・本文イラスト
Emi Ueoka

ヘアメイク
林達朗

撮影
齋藤誠一

校正
玄冬書林

協力
坂入良一　坂上幸一